2030을 위한 연금개혁 보고서

2030을 위한 연금개혁 보고서

초판 1쇄 인쇄	2025년 03월 10일
초판 1쇄 발행	2025년 03월 25일

신고번호	제313-2010-376호
등록번호	105-91-58839

지은이	장재혁

발행처	보민출판사
발행인	김국환
기획	김선희
편집	조예슬
디자인	김민정

ISBN	979-11-6957-319-1	03320

주소	경기도 파주시 해올로 11, 우미린더퍼스트@ 상가 2동 109호
전화	070-8615-7449
사이트	www.bominbook.com

- 가격은 뒤표지에 있으며, 파본은 구입하신 서점에서 교환해드립니다.
- 이 책은 저작권법에 의하여 보호를 받는 저작물이므로 무단 전재와 복사를 금합니다.

2030을 위한 연금개혁 보고서

국민 · 기초 · 퇴직 · 개인 · 주택연금 100% 활용법 포함

장재혁 지음

추천사

국민연금 개혁은 개인의 노후를 넘어 사회 전체의 지속 가능성을 결정짓는 중대한 과제이다. 그러나 그 논의는 종종 이해관계에 얽혀 답보 상태에 빠지거나, 현실과 동떨어진 대안들 속에서 표류하곤 한다. 이 책 『2030을 위한 연금개혁 보고서』는 그러한 논의의 혼란 속에서 가장 실질적이고 현실적인 해결책을 제시하는 길잡이가 되어줄 것이다.

저자 장재혁은 이 책을 통해서 우리나라 국민연금의 문제점과 국민의 불안감을 이해하고, 연금개혁이 어떻게 국민에게 유리한 방향으로 이루어질 수 있는지를 자세히 설명한다. 흔히 연금개혁을 하면 더 내고 덜 받는 구조가 될 것이라 우려하지만, 저자는 보험료 인상과 막대한 기금 수익금 활용을 결합하면 국민연금 수익비를 유지하면서도 부담을 줄일 수 있다고 강조한다. 특히 해외 투자 수익을 활용하여 국내 국민에게 연금을 지급하는 방식은 기존의 연금개혁 논의에서 찾아보기 어려운 대안적 모델로, 이득을 극대화하는 방법이라고 말한다.

연금개혁이 국민에게 '부담'을 지우는 것이 아니라, 오히려 '이익'이 될 수 있다는 점을 명확히 제시하는 것이 이 책의 가장 큰 핵심이다. 단순히 개혁의 필요성을 주장하는 것이 아니라, 연금개혁의 '끝'이 존재함을 명확히 밝히고 장기적 비전을 제시하는 점에서도 이 책은 차별화된다. 연금개혁은 단기적인 대응이 아니라, 2056년 예상되는 국민연금기금 고갈을 막고, 나아가 2105년까지 지속 가능한 기금운용을 목표로 해야 한다고 주장한다. 더 나아가 보험료 인상만으로 해결하는 것이 아니라, 해외 투자 수익을 활용한 새로운 기금운용 모델을 통해 재정안정성과 연금액 증대를 동시에 달성하는 방안을 제시하고 있다.

특히 국민연금에 대한 불확실성을 가지고 있는 2030세대에게 연금개혁이 현재의 기성세대만을 위한 것이 아니라, 미래세대를 위한 개혁이어야 한다는 점을 설명하며, 2030세대를 위한 구체적인 대안을 모색한다. 기존의 논의에서는 보험료율 인상이 청년층에게 불리할 것이라는 인식이 강했으나, 저자는 오히려 조기 개혁을 통해 현 기성세대가 더 많은 부담을 지고, 2030세대가 더 유리한 조건에서 연금을 받을 수 있도록 설계해야 한다고 주장한다.

또한 연금의 핵심 요소인 '소득대체율' 인상을 국가가 적극적으로 나서서 해결해야 한다는 점을 강조하며, 건전재정 범위 내에서 충분히 가능하다는 점을 피력하고 있다. 흔히 소득대체율을 올리면 재정 건전성이 악화된다는 우려가 있지만, 저자는 해외 연금개혁 사례와 국민연금기금운용 방식 개선을 결합하면 충분히 감당 가능한 수준에서 소득대체율 인상이 가능하다고 주장한다. 즉, 연금개혁은 단순한 부담 증가가 아니라 보험료율과 국가재정, 기금 운용의 삼박자를 맞춘다면 '더 내고, 더 받는' 지속 가능한 개혁이 가능하다는 것이다.

현재 우리나라 국민연금은 심각한 도전에 직면해 있다. 기금 고갈, 저출산, 인구 감소 등으로 인해 '연금의 미래가 없다'는 불안감이 확산되고 있으며, 2030세대는 국민연금이 자신들에게 불리한 제도라고 인식하고 있다. 하지만 저자는 이 책을 통해 그러한 통념을 뒤집는다. 연금개혁은 2030세대에게 불리한 것이 아니라, 오히려 조기에 개혁하면 이 세대가 더욱 안정적인 연금 혜택을 누릴 수 있도록 설계할 수 있다고 이야기한다.

또한, 연금제도에 대한 오해를 바로잡고, 연금개혁이 왜 정치적 논쟁이 아니라 실질적인 논의로 이어져야 하는지를 설명한다. 지금까지의 우리나라 연금개혁은 정치권에서 논의될 때마다 방향성이 모호해지고, 결국 국민의 부담만 늘어나는 방식으로 추진되는 경우가 많았다. 이 책은 그러한 논의의 한계를 극복하고, 연금개혁이 어떻게 국민에게 실질적인 이득을 줄 수 있는지를 설명하는 데 초점을 맞추고 있다.

무엇보다 이 책은 연금개혁이 더 이상 미룰 수 없는 시대적 과제임을 지적하며 연금개혁의 핵심은 단순한 개혁이 아니라, '지속 가능한 연금'을 만드는 것이라고 강조한다. 단기적인 정치적 논쟁이 아니라, 장기적인 안정성과 미래세대를 고려한 연금개혁이 필요하며, 이를 위해서는 국민 모두가 연금제도에 대한 올바른 이해를 갖고 개혁 논의에 적극적으로 참여해야 함을 말한다. 그래서 이 책은 중장년층으로 곧 다가올 노후를 대비하고 있는 사람, 이제 막 결혼해 집을 장만하고, 노후는 어떻게 준비해야 하는지 미래를 설계하는 젊은 부부, 투자뿐만 아니라 연금에 대해서도 관심은 있지만, 국민연금 고갈에 대해서는 강한 불신과 불만을 가진 청년층, 이미 연금을 받는 노인층 및 조기 금융교육이 필요한 초중고생 등을 위한 책이다.

연금개혁이 국민에게 부담이 아닌 이익이 될 수 있음을 구체적으로 설명하고 미래를 위한 대안을 제시하는 이 책이, 국민연금 개혁 논의를 한 단계 더 발전시키는 데 중요한 역할을 하기를 기대한다. (편집위원 **김선희**)

목차

추천사 • 4
프롤로그 • 13

1부

제1장. 연금의 준비

01. 연금이란? • 33
02. 노후에 왜 연금이 중요한가? • 37
03. 연금 준비 어디에서부터 시작할까? • 47

제2장. 국민연금 활용법

01. 100세 시대 동반자, 평생 월급 국민연금 • 54
02. 우리나라 국민연금은 용돈 연금? • 58
03. 국민연금의 장점들 • 62
04. 국민연금 맞벌이! 오래 사는 것이 가장 이득!! • 71
05. 국민연금 더 많이 받으려면? • 74
06. 유족연금과 장애연금 • 82

제3장. 기초연금 · 퇴직연금 · 개인연금 및 주택연금 활용법

01. 기초연금 • 86
02. 퇴직연금(IRP) • 92
03. 개인연금저축 • 97
04. 주택연금 • 99

제4장. 연금과 세금, 건강보험료, 압류 방지까지

　1부 요약 • 110

2부

제1장. 국민연금의 미래

　01. 인구 위기와 국민연금 • 117
　02. 국민연금의 재정 전망 • 121
　03. 국민연금 재정개혁의 시급성 • 126
　04. 국민연금의 보장성 수준은 어떤가? • 130
　제1장 요약 • 134

제2장. 지난 2년간의 논의과정 개관

　01. 제5차 재정계산 발표(2023년 1월 27일) • 137
　02. 국회 2기 연금개혁특위 민간자문위원회(2023년 2월) • 140
　03. 복지부 산하「재정계산위원회」공청회(2023년 9월 1일) • 144
　04. 복지부「국민연금 종합운영계획」발표(2023년 10월 30일) • 147
　05. 국회 연금개혁특위「민간자문위원회」발표(2023년 11월 16일) • 151
　06.「국민 500인 공론화위원회」(2024년 2월) • 155
　07. 21대 국회 마지막 연금개혁 논의(2024년 5월) • 158
　08. 정부의 연금개혁안 발표(2024년 9월 4일) • 160
　09. 12월 3일 비상계엄 사태 이후 현재까지 • 162

제3장. 국민연금 핵심 쟁점과 합의 방향의 모색

01. 기금 고갈 논란 • 168
02. 세대 간 형평? 세대 간 연대? • 174
03. 모수개혁이냐, 구조개혁이냐? • 180
04. 소득 보장 강화냐, 재정안정 우선이냐? • 184

제4장. 인구 위기의 해소 전망과 '더 내고 더 받는' 연금개혁의 성공 사례

01. 시야를 확장하자! 국민연금 개혁의 끝이 있다! • 190
02. '더 내고 더 받는' 연금개혁 : 캐나다의 길 • 194

제5장. 국민연금 재정안정화 방안

01. 보험료율 인상 • 202

국민연금 재정안정화에서 보험료 인상의 역할과 비중 • 202
현행 국민연금 보험료율 9%는 너무 낮다! • 206
보험료 인상하지 않으면, 미래세대가 더 부담해야 한다! • 207
이번에 13%까지, 다음에(2035년경) 추가로 15%까지 인상하면,
기금 고갈 불안에서 벗어날 수 있다! • 209
보험료율 인상 상한 15%, 「국민연금법」에 미리 못 박자! • 210
보험료 인상은 빠를수록 좋다! • 210
보험료 인상은 2030에게 오히려 유리하다! • 212
보험료율 올리면 실제 부담은 얼마나 늘어날까? • 213
보험료 인상 부담 완화방안 • 214

02. 국민연금기금 활용 • 216

국민연금 재정안정화에서 기금의 역할이 매우 중요하다! • 217
국민연금 기금운용 성과 및 향후 목표 • 223
추가적인 수익률 제고를 위한 노력 • 225

03. 국가재정의 활용 : '퓨처펀드' 조성·운영 • 230

이번 개혁의 성공을 위해 국가재정의 선제적 투자는 불가피하다! • 231

국민연금 국고 투입방안에 대한 그간의 논의 • 234
'퓨처펀드' 조성 · 운영하자! • 236
'퓨처펀드' 조성 · 운영의 효과 • 238
이제는 국가가 나서야 한다 • 240
제5장 요약 • 242

제6장. 노후소득 보장성 강화방안

01. 국민연금 명목 소득대체율 인상 • 245
02. 국민연금 실질 소득대체율 인상 • 247
03. 기초연금 40만 원으로 인상 • 251
04. 퇴직연금 강화 • 253
05. 국민연금 수급 구조에 유연성 부여하는 방안 • 256
제6장 요약 • 258

제7장. 국민연금 개혁 성공을 위한 추가 대책

01. 국가 지급 보장 명문화 • 260
02. 국민연금 사각지대 해소 • 262

제8장. 구조개혁 방안에 대한 검토

01. KDI '신연금' 제안 • 266
02. 공무원연금과 통합 또는 연계 • 270
03. 기초연금 개편 • 272

3부

01. 국민연금개혁의 골든 타임 • 276
02. 국민연금 개혁의 비전 • 279
    왜 지금까지 성공하지 못했나? • 279
    국민연금 개혁의 장기 비전 • 280

03. 2030을 위한 국민연금 개혁 • 282
04. 이번 연금개혁이 갖추어야 할 조건 • 284
05. 제기된 개혁방안과 한계 • 286
　　국민 500인 공론화위원회(안) • 286
　　민주당(안) • 287
　　정부(안) • 287

06. 필자의 견해 • 289
　　국민연금 개혁방안 • 293

07. 국민연금 개혁의 정치학 • 299
　　연금개혁은 정치다! • 299
　　실패 요인과 성공 전략 • 301

부록. 나라별 연금개혁 사례
01. 캐나다의 연금개혁 • 304
02. 일본의 연금개혁 • 307
03. 프랑스의 연금개혁 • 310
04. 독일의 연금개혁 • 313
05. 스웨덴의 연금개혁 • 316
06. 칠레의 연금개혁 • 318
07. 그리스의 연금개혁 • 321

에필로그 • 323

프롤로그

2025년 대한민국은 충분한 준비 없이 「초고령사회」(전체 인구 중 65세 이상 노인 인구 비율 20%)에 진입했다. 지나가는 사람 5명 중 1명이 노인이라는 말이다. 현재 우리나라는 개인적으로나, 국가적으로 초고령사회에서 가장 중요한 제도인 연금제도가 매우 부실한 상태다. 얼마 안 가 '100세 장수 시대'가 될 것이라고 한다. 하루라도 빨리 연금제도를 정비하지 않으면 정말 큰일이 난다.

우선, 노후에 '연금'이 왜 좋은지 간단하게 짚고 넘어가겠다. '노후 현금 흐름의 보장', '투자 손실 위험 최소화', '상대적으로 높은 수익률' 및 '물가 상승기의 실질 가치 유지'이다. 연금은 네 가지가 모두 보장된다(단, 사적연금은 네 번째 보장은 되지 않는다). 연금의 수익률이 높은 이유는 장기간 저축에 따른 '복리효과' 덕분이다. 여기에 국가가 정책적으로 지원하는 다양한 '세금 경감 및 세금 이연 혜택' 등도 있다.

문제는 우리 국민이 개인적 차원에서 '연금'에 대해 관심이나 지식, 경험이 부족하다는 것이다. 현재 무슨 연금들이 있고, 각각의 장단점은 무엇이고, 어떤 연금을 언제부터, 어떻게 준비해야 하는지 잘 모른다. 2030들은 더하다. 더 큰 문제는 국민연금기금 고갈의 위험이다. 개인이 나름대로 잘 준비한다 해도, 국민연금이 흔들리면 소용이 없다(절대 연금액 수준에서, 또 '수익비' 측면에서 국민연금이 가장 크다). 물론 이 문제는 국가 사회적으로 해결해야 하지만, 당사자인 국민이 큰 관심을 갖고 이익이 되는 방향으로 개혁방안을 모색하지 않으면 안 된다. 정치권은 먼저 나서지 않는다.

이 책을 쓴 목적은 두 가지다. 먼저, 연금 활용법이다. 흔히 국민연금은 본인이 특별하게 신경 쓸 것이 없다고 생각한다. 그렇지 않다. 국민연금은 본인이 챙기지 않으면 결과적으로 손해 보는 일들이 여러 가지가 있다. 국민연금만큼 강력한 수익비를 가진 금융상품은 국내 어디에도 없다. 국민연금을 더 많이 받으려면 '가입 기간'을 늘리는 것이 가장 중요하다. 여기에 기초연금·퇴직연금·개인연금·주택연금 등을 본인 사정에 맞게 적절히 조합하여 다층적으로 보완하는 것이 꼭 필요하다.

두 번째는, 국민연금 개혁과 관련된 기본적 사실관계를 최대한 자세히 밝히는 것이다. 현재 국민연금 개혁은 '재정안정 우선론'과 '소득 보장 강화론'으로 대립하면서 사회적 합의를 이루지 못하고 있다. 필자는 어느 일방의 입장에 서지 않고, 각각의 장점을 살리고, 단점은 보완함으로써 '재정안정'과 '소득 보장' 두 가지 목적을 모두 실현할 수 있는 현실적 대안을 제시할 것이다.

이 책을 쓰게 된 배경에는 필자 스스로에 대한 반성도 있다. 보건복지부에서 국민연금 업무와 관련하여 사무관, 과장, 국장을 모두 역임하면서 국민에게 이렇게 중요한 제도인데도 기본 설명서 하나 없다는 게 놀라웠고, 하루빨리 이 작업에 착수하겠다는 생각을 오래전부터 가졌었다.

그러나, 막상 현업에 있을 때는 바쁘다는 핑계로 엄두를 내지 못했고, '빚을 지고 있다'는 느낌은 계속 남아 있었다. 공직에서 물러난 후 국민연금공단의 임원으로 재직할 수 있는 기회가 주어졌고, 이제 숙제를 해결할 수 있게 되었다. 2년간 방대한 자료를 모으고, 보다 쉽게 설명하기 위해 고민에 고민을 거듭했다.

국민연금의 秘密!
국민연금은 '낸 것보다 많이 받는다!'

어느 직장인이 개인연금 상품에 월 27만 원씩 25년(300개월)을 납부하고, 이 회사가 25년간 연평균 2%의 수익률을 냈다고 가정하면, 원금은 8,100만 원이고, 수익금 2,416만 원을 합쳐 총 1억 516만 원을 받을 수 있다.

같은 금액을 같은 기간 국민연금에 납부하고, 65세부터 20년간 국민연금을 수령한다고 가정하면, 받는 연금 총액은 2억 2,000만 원 정도 된다. 낸 것 대비 받는 돈의 비율, 즉 수익비가 2.5배가 넘는다. 직장인은 보험료의 1/2을 회사에서 내주니 실제 본인 부담은 4,050만 원, 즉 본인 부담 기준으로 수익비를 다시 계산하면 국민연금은 낸 것의 5배가 된다. 85세보다 더 오래 살면 수익비가 더 커진다.

많은 사람이 이걸 '비정상'이라고 생각한다. 그런 식으로 터무니없는 수익을 주니까 국민연금기금이 고갈되는 것이고, 따라서 '낸 만큼 정상적으로 받도록' 연금개혁을 서둘러야 한다고 말한다. 이렇게 말하는 사람들은 현재 국민연금이 왜 그렇게 많이 줄 수 있는지 잘 모르고 있는 것이다.

첫째, '수익률'의 차이이다. 개인연금 수익률이 2%대인 데 비해, 국민연금 수익률은 37년간 연평균 6%대이다. 그래서 개인연금에 비해 국민연금이 더 많이 지급할 수 있는 것이다. 개인이 장기간에 걸쳐 6%대의 수익률을 계속 내는 것은 쉬운 일이 아니다. 둘째, '보험료 부담'의 차이이다. 직장인은 보험료의 1/2을 회사가 부담해 준다. 세 번째는 장기간 저축에 따른 '복리의 마법' 효과이다. 이 세 가지가 합쳐져서 국민은 낸 것에 비해 훨씬 많이 받을 수 있는 것이고, 이는 결코 비정상이 아니다.

401K

미국의 확정기여형(DC: Defined Contribution) 퇴직연금을 지칭하는 말인데, 미국의 '근로자 퇴직소득보장법'의 401조 K항에 규정되어 있어서 401K라고 부른다.

2016년부터 2020년까지 401K의 연평균 수익률은 10.1%에 달했다(2001~2020년 연평균은 8.6%). 2023년 현재 401K의 적립금 규모는 7조 달러로 우리 돈으로 약 1경 원에 이르고 있고, 미국 근로자들의 퇴직 후 연금액은 월평균 250만 원이다. 미국 근로자들도 '낸 것에 비해 훨씬 많이 받는다'. 수익비가 약 '3배' 정도다.

비결이 뭘까? 우리 국민연금과 비슷하다. '높은 수익률', '사용자 매칭 보험료 부담', '자동 가입에 따른 장기 저축의 효과' 등이다. 수익률은 401K가 더 높다. 미국 401K와 우리 국민연금이 많이 받는 것은 모두 정상이다.

이러한 국민연금의 비밀, 즉 '수익률'과 '복리의 마법' 효과는 국민연금의 개혁 방향을 수립하는 데에도 그대로 적용된다. 우리나라 국민연금은, 1988년 국민연금이 시작된 이래 2024년 말까지 37년간 연평균 6.82%의 수익률 성과를 냈다. 그 결과 2024년 말 현재 약 1,213조 원에 이르는 거대 기금을 적립해 놓았는데, 이 중 운용 수익금이 약 738조 원이다. 이게 없었더라면 아마 현재 475조 원밖에 남지 않았을 것이고, 국민연금도 민간 연금상품과 유사하게 1억 516만 원만 지급하고 있었을 것이다.

최근 2년간의 운용 성과는 더욱 뛰어났다. 만일 2023~2024년의 '통합 수지계산서'를 작성한다면, 다음과 같은 이야기다. 2년간 보험료 수입이 총 120조 원이었는데, 기존의 적립 기금을 국내외에 투자한 결과 2년간 수익금으로 약 286조 원을 벌었다. 두 가지를 합친 총 수입금 약 406조 원으로 2년간 연금 급여비로 90조 원을 지출한 후, 남은 316조 원은 기금에 다시 저축했다.

국민에게 정말 좋은 점이 한 가지 더 있다. 기금 수익금 286조 원 중 해외 투자를 통해 얻은 수익금이 약 225조 원이었다는 사실이다. 이는 국민에게 커다란 이익이다. 해외에서 큰돈을 벌어 국내 국민에게 연금으로 지급하는 셈이기 때문이다. 우리 국민연금이 가진 이러한 강점을 잘 살린다면 국민연금 개혁의 성공은 그렇게 어려운 일이 아니다.

오해(misunderstanding)

많은 사람이 유럽의 공적연금제도를 기준으로, 우리 국민연금 제도를 평가하는 경향이 있다. 유럽 국가의 공적연금제도를 비교 기준으로 설정하면, 우리 국민연금의 수익비 '2배'는 비정상이 맞는다.

유럽은 근로세대가 내는 보험료로 은퇴세대의 연금을 지급하고 있는데, 보험료만으로는 부족해 국가가 매년 연금 지출의 25% 정도를 지원하고 있다(현재 우리나라의 공무원·군인 연금제도도 마찬가지다). 기금이 오래전에 바닥나서 '수익률'과 '복리의 마법' 효과를 얻을 수 없기 때문이다. 따라서 보험료 낸 만큼 연금을 받는 것이 정상이고, 여기에 국가가 좀 보태주니 낸 것보다는 조금 더 많이 받는다. 따라서, 유럽 기준에서 보면 우리 국민연금 수익비 '2배'는 비정상적으로 높다.

이와 반대의 경우도 있다. 보험료 외에 보험료보다 많은 수익금을 창출하여 연금을 지급하는 방식인데, 앞서 말한 미국의 401K를 비롯하여 캐나다·노르웨이·네덜란드·일본의 공적연금 및 우리나라 국민연금이 이 그룹에 속한다. 앞서 미국 401K 근로자들의 퇴직연금 수익비가 3배 가까이 이르는데 이는 401K의 평균 수익률이 8.6%이므로 가능한 것이라고 말했다. 따라서, 미국 401K의 기준에서는 우리 국민연금 수익비 '2배'는 너무 낮다.

이러한 오해가 우리나라 국민연금 개혁을 더욱 어렵게 하는 하나의 요인이 되고 있다. 즉, '더 내기만 하거나', '덜 받도록 하는 것'만이 곧 국민연금 개혁이라고 믿게 만들었고, 국민 사이에서 연금 개혁에 대해 거대한 부정적 인식을 형성하였으며, 개혁의 불필요한 걸림돌로 작용하고 있다.

우리보다 앞서 실제 공적연금 개혁을 단행한 다음 두 나라 사례를 보면, 우리나라 국민연금 개혁이 어느 방향으로 가야 할지, 보다 분명해질 것이다.

독일의 길

독일은 기금 적립금이 없다. 136년의 역사를 가진 독일 공적연금이 위기를 맞은 건 인구 고령화 및 저성장에다 1990년 독일 통일의 영향이 컸다. 동독 주민에게도 서독과 동일한 연금 수급권을 보장함으로써 재정 지출이 급증한 것이다. 개혁을 추진하지 않으면, 2030년에 보험료율이 무려 41.7%까지 높아질 것이라는 당시 전망도 나왔다. 2001년에 슈뢰더 총리가 재정안정성에 역점을 둔 개혁을 추진하였는데, 보험료율을 인상하는 한편(현재 18.6%), 소득대체율도 인하했다. '리스터 연금'이라는 사적연금도 이때 도입했다. 3년 뒤인 2004년에는 연금 개시연령을 67세로 연장하고, 제도 부양비 증가에 따라 연금액을 자동 삭감하는 '자동안정화 장치'도 도입했다. '고통'이 수반된 '개혁'이었다.

이렇게 하고도 현재 독일 정부는 매년 공적연금 지출의 22.7%(2022년 기준)를 국고로 투입하고 있다. 이러한 노력으로 공적연금 재정은 안정화되었으나, 대신 '노인빈곤율'이 증가했다. 보험료를 중심으로 운영하다가, 재정 위기를 맞아 '더 내고, 덜 받는' 개혁을 할 수밖에 없었고, '사적연금 강화'까지 선택한 점은 우리가 '타산지석(他山之石)'으로 삼아야 할 교훈이다. 우리는 기금을 고갈시키면 안 된다.

캐나다의 길

다음으로, 캐나다의 이야기다. 캐나다는 현재 약 700조 원의 기금을 보유하고 있다. 캐나다가 공적연금 개혁에 나선 것은, 1995년 2월 CPP(Canada Pension Plan) 재정보고서가 20년 후인 2015년에 기금이 고갈된다는 충격적인 결과를 발표한 것이 계기였다. 현재 우리나라가 처한 상황과 아주 비슷했다.

1997년의 캐나다 연금개혁은 당시 재무장관이었던 폴 마틴이 주도했는데, 보험료율 약 2배 인상(5.6 → 9.9%) 및 기금운용 혁신(캐나다 연금투자기관[CPPI] 설립 등)을 결합, 개혁방안으로 제시하고, 운용 성과에 따라 나중에 소득대체율을 인상하겠다는 약속으로 국민을 설득했다. 그리고, 19년이 지난 2016년, 두 번째 연금개혁을 실시했는데, 연평균 수익률 10%에 가까운 운용 성과를 바탕으로 소득대체율을 약 33% 인상함으로써(25 → 33.3%) 대국민 약속을 지켰다. '더 내고, 더 받는' 연금개혁에 성공한 것이다.

이때 보험료율도 2%p를 추가로 인상했는데, 2%p는 수익금 효과를 극대화하기 위해 완전적립 방식(full funding)으로 운용하기로 결정했다. 이를 Additional CPP라고 하는데, 향후 총수입에서 보험료 비중 30%, 수익금 비중 70%로 운용하는 것을 목표로 설정했다.

독일과 달리, 캐나다 국민에게 연금개혁은 '고통'이 아니라 '이익'이며, 보험료 더 내는 것이 '부담'이 아니라 '투자'다. 우리 국민연금의 개혁 방향 설정에 많은 참고가 되는 모델이다. 단, 지나친 위험자산 투자는 우리가 경계해야 할 대목이다.

인구 위기의 끝

우리나라 국민연금 개혁을 어렵게 하는 오해(?) 또는 인식 부족 문제가 하나 더 있다. 국민연금 재정 위기의 핵심 원인인 '초저출산·초고령화'에 관한 이야기다.

많은 사람이 '국민연금 개혁에 답이 없다' 생각하는 이유인데, 앞으로 연금 보험료를 내는 사람은 크게 줄어들고, 국민연금을 받는 사람은 빠르게 늘어나는 상황이 곧 닥치기 때문이다. 따라서, 보험료율과 소득대체율을 적당히 조절하는 소위 '모수개혁'은 임시 처방에 불과하고, 이참에 국민연금뿐만 아니라 기초연금·퇴직연금 등을 포함하여 근본적인 '구조개혁'을 할 수밖에 없다는 것이다.

그런데, 이들은 우리나라 인구 위기가 영원히 계속되지 않고 시간이 지나면 점차 해소된다는 사실을 간과하는 경향이 있는 것 같다. 우리의 인구 위기는 2070년대 중반 절정에 달하지만, 이후 서서히 완화하는 추세로 접어들고, 이때부터 다시 한 세대, 약 30년 정도가 지나면, 드디어 보험료 내는 사람 숫자가 국민연금 받는 사람 숫자를 재역전한다. 이때가 앞으로 80년 후인 2105년경이고, 기금 소진이 예상되는 2056년을 기준으로 하면 50년 후이다. 이것이 의미하는 바는, 우리나라의 연금개혁은 바로 이 50년의 재정 절벽(financial crevasse) 기간만 넘으면 된다는 말이다. 그리고, 이 정도의 절벽을 넘기 위해 '구조개혁'까지 요구되는 것은 아니다.

2025년 국민연금 개혁의 의미

국민연금 개혁을 일종의 '제로섬 게임'으로 인식하는 데에서 벗어나야 한다. '제로섬'은 누군가 이익을 보면, 다른 누군가는 손해를 볼 수밖에 없는 상황이다. 지금 국민연금이 가장 문제가 되는 것이 기금 고갈이므로 이를 메워야 하는데, 예를 들어 100원이 부족한데, 누가 30원만 낸다면 다른 누군가는 70원을 내야 하는 상황이라면, 이것도 '제로섬'이다.

결론부터 말하자면, 2025년 국민연금 개혁은 20대 청년세대부터 노년세대에 이르기까지 모두에게 이익이 되는 '논제로섬 게임'이다. 앞서 말한 '낸 것보다 많이 받을 수 있는' 국민연금의 원리, 즉 '복리효과'가 작동될 수 있기 때문이다.

A(2000년생, 현 25세)와 B(1975년생, 현 50세)를 놓고 연금개혁의 효과를 비교해 보겠다. 둘 다 월 300만 원 소득 직장인인데, A는 앞으로 30년, B는 10년의 가입 기간이 남은 것으로 가정한다. 보험료율이 9 → 13%로 4%p 오르고, 소득대체율이 40 → 44%로 4%p 오르며, 기초연금도 월 40만 원으로 오른다. 둘 다 더 내는 보험료는 월 6만 원으로 같은데(월 12만 원 중 본인 부담 1/2), 더 받는 연금액은 A가 월 19만 원(기초연금 10만 원+국민연금 9만 원)이고, B는 월 13만 원(기초연금 10만 원+국민연금 3만 원)이다. A가 B에 비해 인상된 보험료율로 더 오래 납부하지만, 받는 연금액도 월 6만 원씩 차이가 나기 때문에 큰 차이가 나지 않는다. 중요한 것은 둘 다 내는 보험료(6만 원)에 비해 받는 연금액(13~19만 원)이 크기 때문에 '모두에게 이익이 되는 것'이다. (※ 기초연금은 2025년 대비 월 6만 원 정도 인상되지만, A와 B가 기초연금 받을 때쯤에는 기초연금액이 44만 원 이상 되어 있을 것이다)

유럽 국가들은 공적연금의 재원을 보험료와 국가재정에 의존하기 때문에 '제로섬 게임'에 가깝다. 100원이 부족하면 100원을 누가 더 부담할 것인가를 놓고 싸움이 날 수밖에 없다. 이에 반해, 우리나라와 캐나다 등은 100원이 부족하면, 국민은 35원만 부담하면 되고, 나머지 65원을 기금 수익금을 통해 채운다. 이런 방식으로 기금 고갈 시기를 최대한 연장하는 것이다.

지금 우리는 국민연금을 중심으로, 국민연금을 튼튼하게 하는 것이 가장 좋다. 조금만 서두르면 '더 내고 더 받는' 개혁을 충분히 할 수 있다. 그렇게 할 수 있는 무기도 이미 갖고 있다. 다만, 시기를 놓쳐서는 안 된다. '기금 성장기'가 앞으로 15년밖에 남지 않았기 때문이다.

1부는 연금에 대해 기본적으로 알아두어야 할 내용에 대해 종합적으로 정리했다. 가장 중요한 국민연금을 최대한 활용하는 방법에 중점을 두었으며, 기초연금·퇴직연금·개인연금 및 주택연금에 대한 정보 및 연금과 세금, 연금과 건강보험료와 같은 놓치지 말아야 할 내용들도 포함하였다.

2부에서는, 국민연금 개혁과 관련하여 대부분의 쟁점을 망라하였다. 국민연금 개혁에 대한 전후 사실관계 등에 대해 어느 정도 파악이 가능할 것이다. 마지막으로 3부에서는, 빠른 시일 내에 국민연금 개혁을 반드시 성공시킬 수 있는 현실적인 방안에 대해 필자의 시각으로 서술하였다.

2030에게 가장 유리하고, 중장년층과 노년세대에게도 이익이 되는, 그러면서도 '세대를 넘어 지속 가능한 국민연금 개혁방안'을 제시한다. 이 책이 하나의 참고가 되어 국민 각자가 연금 준비를 일찍 시작하고, 국민에게 큰 이익이 되는 방향으로 국민연금 개혁이 이루어지는 데 작은 도움이라도 되었으면 하는 바람이다.

2025년 3월

저자 **장재혁**

38가지 오해 및 해명

오해	해명
1. 우리나라 국민연금 월평균 65만 원밖에 안 된다.	1. 가입 기간 20년 이상이면 월평균 110만 원 정도 받는다.
2. 유럽 국민들은 월 2~300만 원씩 받는다고?	2. 유럽도 월 150만 원 정도다. 프랑스 등 일부 국가는 230만 원 정도 받는다. 우리도 기초연금까지 합하면 월 150만 원 정도 된다. 보험료는 절반이므로 우리가 훨씬 유리하다. 프랑스는 보험료가 27.8%로 우리보다 세 배나 많다.
3. 국민연금 조기 수령이 이익?	3. 연기 수령이 더 이익이다.
4. 국민연금 많이 받으면 기초연금이 감액되어 손해라는데?	4. 기초연금이 감액되어도 국민연금을 더 많이 받는 게 이익이다.
5. 연금개혁을 하면 어쨌든 국민에게 손해다.	5. 연금개혁을 하면 국민에게 이익이 된다.
6. 더 내거나, 덜 받거나 하는 수밖에 없다.	6. 더 내고, 더 받을 수 있다.
7. 인구 위기를 고려할 때 기금 고갈을 피할 수 없다.	7. 인구 위기는 2070년대 중반이 지나면 점차 해결되므로, 기금 고갈을 피할 수 있다.
8. 국가가 존재하는 한 국민연금은 지급된다.	8. 이대로 가도 국민연금 지급은 되겠지만, 지금보다 절반으로 줄어들 수 있다.
9. 2056년에 기금이 고갈되면, '부과방식'으로 전환하면 된다.	9. '부과방식'으로 전환하려면 보험료율을 35% 수준까지 올려야 한다. 청년층과 미래세대에게 재앙이다.
10. 연금개혁에서 세대 간 갈등은 피할 수 없다.	10. 세대 간 갈등을 피할 수 있고, 연금개혁을 통해 세대 간 연대와 통합이 강화된다.
11. 연금개혁을 하면, '낀 세대'인 4050은 더 힘들어진다.	11. 연금개혁을 통해 '낀 세대'의 노후는 더욱 풍부해진다.
12. 2030에게는 '국민연금 폐지'가 답?	12. 국민연금 폐지하면, 2030이 가장 불리해진다.
13. 기금이 고갈돼도 국가재정 등으로 해결할 수 있다?	13. 불확실하다. 감당 가능해도 이 또한 미래세대 부담이다.

14. 모수개혁으로는 재정안정이 불가능하다. 구조개혁이 답이다.	14. 모수개혁은 필수 조건이다. 모수개혁을 성공하면 구조개혁도 중장기적으로 용이해진다.
15. 재정안정과 소득 보장 강화 중 하나를 선택해야 한다.	15. 지금 개혁하면, 재정안정과 소득 보장 강화 둘 다 가능하다.
16. 국민연금 수급 개시연령 68세로 연장은 불가피하다.	16. 지금은 연장하지 않아도 된다. 단, 이번에도 개혁에 실패하면 연장해야 할 것이다.
17. '자동조정장치'를 도입해야 한다.	17. 이번에는 도입하지 않아도 된다.
18. 보험료율 인상하면, 2030에게 손해다. 납부 기간이 길기 때문이다.	18. 보험료율 조기 인상이 2030에게 가장 유리하다. 인구가 많은 4050이 더 많이 내고, 더 낸다고 더 가져가는 것도 없고, 이들이 더 내는 보험료에 기금 수익금까지 합쳐 대부분 2030에게 이전된다.
19. 보험료율 올려도 어차피 기금 고갈을 막을 수 없다.	19. 보험료율을 올리면 기금 수익금과 합쳐져서 기금 고갈을 막을 수 있다.
20. 보험료율을 이번에 13%까지 올린다 해도, 다음에 언제, 얼마나 더 올릴지 믿을 수 없다.	20. 2035년경 15%까지 한 번 더 올리면 끝이다. 보험료 인상률 상한을 사전에 국민연금법에 명시할 수도 있다(독일·일본의 例).
21. 보험료율 인상은 급하지 않다. 기금 고갈까지 31년이나 남았다.	21. 보험료율 인상이 매우 급하다. 2차 베이비붐 세대가 모두 빠져나간다. 또 당장 2년 뒤에 기금자산 처분을 시작해야 할 수도 있다.
22. 보험료율을 인상하면 국민연금 '수익비'가 떨어져 손해?	22. 보험료율을 인상해도 수익비가 2배 이상 가능하므로 여전히 큰 이익이다.
23. 그래도 당장 보험료율 4%p나 인상하면 가계에 큰 부담이 된다.	23. 4%p 중 2%p를 사업주가 내주는 사업장 가입자 비율이 81%이고, 2%p를 8년에 걸쳐 매년 0.25%씩 단계적으로 인상한다. 임금상승률 감안하면, 큰 부담이 아니다.
24. 자영업자 등 지역가입자는 4%p 전액이 본인 부담이므로 큰 부담이 된다.	24. 지역가입자 월평균 소득이 사업장 가입자의 절반에 미치지 못하므로, 실제 늘어나는 부담은 크지 않다. 지역가입자 4%p 인상이 사업장 가입자 2%p 인상보다도 적다.
25. 보험료율의 '세대 간 차등 인상' 방안이 필요하다.	25. 세대 간 갈등, 계층 간 불평등 비판이 제기되고 있다.

26. 국민연금기금, 정부가 쌈짓돈처럼 쓰는 등 부실 운영으로 손실 컸다.	26. 국민연금기금 누적 연평균 수익률이 6%대로 국내 퇴직연금 수익률에 비해 세 배 정도에 이른다. 해외 글로벌 연기금 대비 중간 정도의 성적을 내고 있다. 기금운용 여건(infra)에 비하면 양호한 편이다.
27. 국민연금기금 운용 수익률 현행 대비 1%p 제고는 매우 위험한 발상이다. 안전자산 위주로 운영해야 한다.	27. 현행 대비 1% 또는 1.5%p 올리자는 말이 아니다. 37년간 연평균 수익률 6%대를 앞으로도 계속 유지하자는 말이다. '기금 성장기'를 잘 활용하면 6%대 유지는 그리 어려운 일이 아니다. 오해ी!
28. 기금이 약 1,200조 원이나 쌓여 있는데, 국고를 투입하자는 건 곤란하다. 국고를 투입하더라도, 기금 고갈 후에 보험료만으로 안 될 때 가능하다. (cf. 공무원·군인연금)	28. '더 내고 더 받는' 개혁을 성공하려면, 보험료 인상에 맞추어 장기간에 걸쳐 사전에 조금씩 국고를 투입하는 것이 훨씬 효율적이다. 국고 투입 없이 기금을 유지하려면, 보험료율을 지금 당장 두 배(9 → 18%)로 올려야 하는데, 이는 현실적으로 불가능하다. 또 기금 고갈 이후의 국고 투입 규모는 선제적 소규모 국고 투입에 비해 비교할 수 없을 만큼 크다. 국가재정 관리에 실패한 공무원연금의 전철을 국민연금도 밟을 이유가 없다.
29. 국민연금 소득대체율이 OECD 국가 평균(42.3%)에 비해 너무 낮다(31.2%). 명목 소득대체율을 올려 적정 소득 보장 수준을 확보하는 것이 중요하고, 노인빈곤도 하루빨리 완화해야 한다.	29. 노후소득 보장 강화를 위해 명목 소득대체율 인상이 요구된다. 또 노인빈곤 완화를 위해 기초연금 40만 원 인상도 필요하다.
30. 건강보험 재정안정을 위해 「국민연금 등 공적연금에 대한 건강보험료 부과」는 불가피하다.	30. 사적연금에 대해서는 건강보험료를 부과하지 않고, 국민연금에 대해서만 부과하는 것은 불합리한 측면이 있다. 반영률을 현재의 절반 수준으로 낮추는 방법도 있다.
31. 「국민연금 국가 지급 보장 의무화」는 연금개혁 동력을 약화시킬 것이다.	31. 공무원·군인·교원연금만 국가가 지급 보장하고, 국민연금은 지급 보장하지 않는 것은 설득력이 떨어진다. 이번에 연금개혁을 추진하면서, 국가 지급 보장을 명문화함으로써 국민연금 개혁에 대한 국민 불신을 해소하고, 개혁의 동력도 확보해야 한다.
32. 「국민연금 연계 기초연금 감액제도」는 국가재정 여건상 이유 등으로 앞으로도 계속 유지해야 한다.	32. 이 제도는 국민연금 성실 납부자에게 상대적으로 불리하다. 감액율을 50%로 낮추는 방법도 있다.

33. 「KDI 신연금」 제안이 근본적인 재정안정 방안이고, 청년층에게 유리하다.	33. 국민연금액 수준이 지금보다 1/2 수준으로 떨어지고, 신·구 연금 분리를 위해 약 609조 원의 국고 추가 투입이 필요하다. 청년층에게 오히려 불리하다.
34. '공무원연금과의 통합' 등 구조개혁이 필요하다. 국민연금과의 차별성을 완화해야 한다.	34. 이미 기금이 고갈된 공무원연금과 통합하면, 국민연금 가입자가 더 불리해질 것이다.
35. 기초연금 지급 대상을 노인 70% → 50% 정도로 줄이고, 대신 지급 금액은 늘리는 「기초연금 구조 개편」이 필요하다.	35. 시기상조. 연금개혁에 대한 국민 수용성을 떨어뜨린다. 정치적 현실성도 없다.
36. '보험료율 13%-명목 소득대체율 42~50% 인상'은 국민연금 재정을 악화시키는 '개악'?	36. 보험료율을 올리면서 명목 대체율까지 같이 인상하면 '구축효과'가 발생하므로 재정이 오히려 악화된다. 단점의 보완이 필요하다. 명목 대체율 인상 재원을 소규모 국고의 선제적 투입으로 해결하면, 국민연금 재정을 장기적으로 안정시키면서 연금 보장성도 강화할 수 있다.
37. 명목 대체율 42~50% 인상을 국고 투입으로 해결하려면, 국가재정이 감당하지 못할 것이다.	37. 정부 예산의 0.2~1%p(7조 원 미만)이면 가능할 것으로 추산된다. 이 정도는 건전 재정 기조를 해치지 않으며, 미래 국가재정도 크게 절감한다. 현재 공무원·군인연금 보전금에도 연 11조 원 이상 투입하고 있다. 이번에 '더 내고 더 받는' 개혁을 성공하려면 이 정도의 국고 투입은 필요하다. 개혁 성공의 '디딤돌'이 될 수 있다.
38. '더 내고, 더 받는' 연금개혁은 마법에 불과하다.	38. '더 내고, 더 받는 국민연금 개혁'은 이번에는 충분히 가능하고, 마법도 아니다. 이번 개혁으로 어느 세대에 속하더라도 개혁 이전에 비해 이익이 되므로, '세대를 넘어 지속 가능한 국민연금 개혁'을 실현할 수 있다.

제1장

연금의 준비

01
연금이란?

연금(pension)은 '초장기 금융상품'이다. 보통 수십 년간 보험료를 납부하고, 연금을 받는 기간도 10~20년(퇴직 및 개인연금) 또는 사망 시까지 평생이다(국민연금·기초연금 및 종신형 연금보험).

연금은 국가가 운영하는 '공적연금'과 민간 금융기관이 운영하는 '사적연금'으로 구분되는데, 공적연금으로 국민연금·기초연금·공무원연금·군인연금·사학연금 등이 있고, 사적연금으로는 퇴직연금·개인연금저축·주택연금·농지연금 등이 있다.

공적연금 중에서 공무원·군인·사학연금은 특수 직업군만 따로 운영하고 있어서 '직역연금'이라고 하고, 일반 국민 전체를 대상으로 국가에서 운영하고 있는 가장 중심적인 제도가 '국민연금'

이다.

국민연금은 모든 국민의 노후소득 보장을 위해 국가에서 시행하는 '사회보장제도'로써, ① 18~59세까지 의무 가입 및 소득이 있는 기간 동안 보험료 납부, ② 국가에서 기금을 관리·운용, ③ 노령, 장애, 사망 시에 기본적인 생활 유지를 위해 수급자에게 종신연금(life annuity) 형태로 지급이라는 세 가지 요소를 갖고 있다.

한편, 공적연금제도는 세계적으로 1880년대 말 독일의 비스마르크에 의해 처음 시작되었으며, 이념과 정치 체제를 불문하고 경제력이 어느 정도 뒷받침된 국가라면 모두 운영하고 있다. 우리나라는 독일보다 약 100년 늦게 1988년부터 시행되었으므로 이제 겨우(?) 37년째에 이르고 있다.

우리나라 국민연금 보험료율은 월 소득의 9%이고, '소득대체율', 즉 받는 연금액의 수준은 생애 평균 소득의 40%이다(2025년 현재 41.5%이고, 매년 0.5%p씩 내려가 2028년에 40%에 도달할 예정).

사적연금이 소득의 40% 정도를 연금으로 받기 위해서는 소득의 20%를 보험료로 내야 하지만, 국민연금은 직장인의 경우 40%를 받기 위해 소득의 4.5%만 내면 되니(자영업 등 지역가입자는 9% 전액 본인 부담), 큰 이득인 셈이다. 참고로, 유럽 등 OECD 국가의 공적연금 평균 보험료율이 18.3%이고(소득대체율은 42~3% 수준), 우리나라 공무원연금의 보험료율도 18%이다.

사적연금과 국민연금의 급여 구조를 비교하면, 먼저 사적연금은 본인이 보험료 전액을 내고, 운용 수익금을 합한 후, 수수료 등을 뺀 금액을 가입자가 정하는 기간 동안 동일한 연금액으로 지급한다. 이에 비해, 국민연금은 보험료를 본인과 사용자가 1/2씩 내고(지역가입자는 전액 본인 부담), '본인이 보험료를 낸 생애 소득월액 평균값'과 '국민연금 전체 가입자가 낸 소득월액 평균값'을 각각 계산하고, 여기에 국민연금법에 미리 정해진 '40%의 명목 소득대체율'을 곱하여 개인별 연금액을 산출한 후 평생 지급한다. 연금을 탄 이듬해부터는 매년 물가 상승분만큼 연금을 인상한다. 좀 복잡하기는 하지만, '소득 재분배' 및 '최소한의 실질 연금액'을 국가가 보장하는 것이다.

이러한 '국민연금의 급여 구조'는 중산층 이하~저소득층에게 유리하게 작용하는데, 저소득층은 적은 금액으로 보험료를 냈다 하더라도, 받는 연금액은 국민 누구나 최소한의 기본적 노후생활은 가능한 수준으로 국가가 보장하겠다는 취지이며('소득 재분배'+'최소 생활 보장'), 이는 사회 안정에 큰 도움이 되고 있다. 그러면, 중상층~상류층은 손해를 보고 있는가? 하면 그렇지도 않다. 받는 연금액 수준(40%)에 비해 내는 보험료율(9%)이 낮게 설정되어 있으므로,

최고 소득자도 큰 혜택을 받고 있다.

국민연금을 받는 사람의 숫자가 벌써 700만 명을 넘어섰다. 베이비붐 세대의 본격 은퇴에 따라 국민연금 수급자가 급속도로 증가하고 있다. 국민연금공단은 한 해 국민연금 급여로 45조 원 정도를 지출하고 있고, 이와는 별도로 공단은 약 1,200조 원에 이르는 대규모 자산(기금 적립금)을 보유하고 있다.

공적연금의 필요성*

첫째, '개인의 근시안성(myopia)'이다. 개인이 미래의 소득·경제성장률·기대수명 등을 모두 고려하여 장기간에 걸쳐 적정한 수준의 저축을 수행하는 것은 사실상 불가능하다고 알려져 있다. 또 민간 금융기관을 활용하는 경우에도 투자위험의 개인 전가(부도) 및 급여 연동 부재로 실질소득 보장이 어렵다.

둘째, '미래의 불확실성 대비' 측면이다. 국가는 경제·사회적 변수에 대한 효과적 예측 및 대응이 가능하고(국민연금 재정계산을 통해 재정 상태 진단, 노후소득 보장 및 재정안정화 방안 마련 등), 부도 위험이 없으며, 물가 또는 임금 상승률 연동을 통해 급여의 실질 가치를 보장한다. 개인 스스로 이에 대처하기는 어렵다.

셋째, '소득 재분배를 통한 사회통합'이다. 엄격한 보험 수리 원칙을 따르는 '민간' 보험은 제도 내 소득 재분배 기전(mechanism)을 포함하는 것이 불가능하다. '사회' 보험인 공적연금은 보험 원리를 훼손되지 않는 범위 내에서 소득 재분배가 가능하며, 이를 통해 '근로 시기의 불평등'이 은퇴 이후의 삶에도 투영되는 상황을 미리 차단할 수 있다.

---

* 2024년 7월 18일 국민연금공단 개최 기자설명회에서 국민연금연구원 유희원 연구위원이 발표한 내용을 요약하였다.

02
노후에 왜 연금이 중요한가?

고령화가 급속도로 진행되고 있다. 2017년 노인 인구 비중이 14%를 넘어 고령사회가 된 지 불과 7년 만에 초고령사회에 진입했다. 1차 베이비붐 세대인 1955~1963년생 705만 명에 이어 2차 세대인 1964~1974년생 954만 명도 속속 은퇴 대열에 합류하고 있다. 인구 쓰나미가 밀려오고 있다. 그런데, 노후가 진정한 축복이 되려면 돈에 여유가 있어야 한다. 직장생활(25년 내외)보다 은퇴 이후 기간이 더 긴데, 특히 후기 고령 나이인 75세가 넘어서면 소득 활동은 어려워지고 연금이 더욱 절실해진다. 늙어서 돈 없는 것만큼 서러운 것도 없다.

노후가 점점 길어지고 있다

기대수명이 현재 84세이지만, 2070년경에는 91세 정도 될 거라고 한다.* 65세에 노인이 된 이후 지금은 19년을 사는데, 앞으로는 26년을 살아야 하는 것이다. 최근에는 100세 보험까지 등장했다.**

올해 51~70세인 베이비붐 세대는 앞으로 20년 뒤인 2045년에는 71~90세가 되며, 전체 인구의 26.3%(약 1,282만 명, 통계청 장래인구추계)를 차지할 것이라고 한다.

노후 준비는 부족하다

현실은 어떤가? 자본시장연구원이 분석한 결과에 따르면 우리나라 국민들의 소득과 소비가 은퇴 이후에는 급격히 감소하는 것으로 나타났다.***

55~59세 총 소득을 100으로 볼 때 60~64세는 총 소득이 81로 줄고 70~74세로 들어가면 35로 축소된다. 총 소득의 구성을 보

---

* 기대수명이 84.3세(2023년) → 88.9세(2050년) → 91.2세(2070년)로 증가할 것으로 전망된다. 통계청 2023 장래인구추계, 2022~2072년, 중위 기본가정 기준

** 100세 보험은 가입자가 100세까지 생존할 경우 보험금이 지급되는 상품으로 노후 준비의 새로운 대안으로 주목받고 있다. 이 보험은 일반적으로 사망보험금과 생존보험금이 결합된 형태로 제공되며, 가입자는 일정 기간 동안 보험료를 납부한 후 만기 시점에 보험금을 수령할 수 있다.

*** 한국경제신문 2024년 8월 2일자 다산칼럼, 신진영 자본시장연구원장 기고를 요약했다.

면, 60~64세는 근로·사업소득 비중 85.5%, 연금소득 비중 10.5%인 데 비해, 70~74세는 각각 63%, 25.9%이다. 또 연금소득의 구성도 국민연금과 기초연금과 같은 공적연금이 대부분을 차지하며, 70~74세 중 개인연금과 같은 사적연금을 지닌 인구 비중은 1.7%에 불과한 실정이다.

우리나라 국민의 노후 준비가 매우 부족한 탓이다. 실제로 통계청이 조사한 결과에 따르면˙, 가구주가 은퇴하지 않은 가구의 노후 준비 상황은, 잘 되어 있지 않다(39.4%), 전혀 되어 있지 않다(14.8%), 보통이다(36.8%), 잘 되어 있다(8.9%)로, '준비되지 못한 비율'이 54.2%에 이른다. 가구주가 은퇴한 가구의 생활비 수준도, 부족하다(38.8%), 매우 부족하다(16.8%), 보통이다(32.1%), 여유 있다(12.3%)로, '부족한 비율'이 55.6%이다.

한국여성정책연구원이 2023년 7월 1,152명을 대상으로 실시한 설문조사에서도 '국민연금 이외에 별도의 노후소득을 준비하지 않는다'고 답한 비율이 56.8%로 나타났다고 한다.

미래 변화의 속도는 더 빨라지고 예측 불가능이다. '준비된 미래'는 그래서 더욱 중요하다. 준비 없이 은퇴를 맞이한 사람들이 공통적으로 하는 이야기가 "노후 준비를 충분히 할 수 있도록 정부가

---

* 2021년 통계청 '가계금융복지조사'

좀 도와주는 사회 시스템이 있었으면 좋겠습니다!"이다.

노후 빈부 격차도 커지고 있다

"연 소득 1.6억 금 지팡이 vs 0.1억 흙 지팡이"

어느 일간신문(2024. 3. 29. 중앙일보)의 기사 제목이다. 고령층이 '금 지팡이'와 '흙 지팡이'로 구분된다고 한다. 60세 이상 중 소득 상위 가구 20%가 연 1억 6,017만 원을 버는 데 반해, 하위 가구 20%는 1,369만 원에 그쳐 이들 사이의 격차가 무려 11.7배에 달한다. 국민연금 등 공적연금제도가 성숙하지 못한 탓이 크다. 자산 불평등은 더 심하다. 2019년 65세 이상으로 구성된 노인 가구의 순자산 5분위 배율은 117.1배였는데, 2023년에는 135.9배로 증가했다. 한림대 석재은 교수는 "해외 연금 선진국을 보면 고령층 소득원 대부분이 연금 등 이전소득이어서 고령층 내에서 소득 격차가 크지 않다"고 말했다.

은퇴 노인들이 말한다

"일단 건강이 최고다! 근데 건강하기만 하고, 돈이 없으면 삶이 너무 고달프다. 친구들도 점점 멀어지고, 자식들에게 짐만 된다."

"돈이 전부라는 것은 말이 안 되지만, 돈이 필요 없다는 건 더 말이 안 된다. 노후에는 갑자기 아파서 큰돈 들어갈 수도 있는데, 연금이라도 없어 봐라!"

"1988년 국민연금 처음 시작할 때부터 연금을 붓기 시작해서 지금은 월 150만 원 정도 나온다. 부부 노후생활을 하기에 턱도 없고, 많이 부족하지만, 이거라도 없었으면 어떡할 뻔했나? 그때 어떤 직장 친구는 그까짓 거 몇 푼이나 된다고 하면서 일시금으로 타서 써 버렸다. 지금 굉장히 후회하고 있다."

"얼마 되지 않지만, 이거라도 평생 나오니 큰 힘이 된다. 젊었을 때 100만 원과 노후 100만 원은 다르다. 매년 1월마다 국민연금이 얼마 더 나올지 기대된다."

"친구 중에서도 부부교사로 은퇴한 사람이 노후생활이 제일 편하다. 둘 다 정년까지 했으면, 퇴직금은 퇴직금대로 받고, 부부 합쳐서 연금이 월 750~800만 원 정도 된다. 그런데, 이게 또 물가 연동이 되지 않느냐?"

마르지 않는 샘! 연금

"100세 시대엔 '곳간형 자산'보다 매달 현금이 나오는 '우물형 자산', 즉 현금 흐름(cash flow)을 중심으로 노후를 설계해야 한다"고 자산관리 전문가들이 말한다. 프랑스·독일·스웨덴·영국·미국 등 연금 선진국은 어릴 때부터 할머니·할아버지가 연금으로 편안한 노후를 보내는 모습을 봐왔기 때문에 연금이 얼마나 소중한지

체감하고 있다.

　죽을 때까지 걱정 없이, 또 물가가 올라도 신경 쓸 필요가 없는 '나만의 연금 포트폴리오'를 젊었을 때부터 짜놓는 것은 이제는 필수다. 국민연금은 마지막 순간까지 곁에 있어 준다. '웬만한 자식보다 국민연금이 낫다'는 말이 괜히 나오는 게 아니다. 국민연금은 '평생 월급'이고, 매월 25일이 되면 따박따박 나오고, 국가가 사망 시까지 보장한다.

　2023년에 「미래에셋 투자와 연금센터」가 퇴직한 50세 이상 남녀 400명을 대상으로 한 설문조사 결과가 참고할 만하다.

　'소득 공백에 어떻게 대처했나?'라는 질문에 재취업, 부업, 창업 등 '일을 해서 공백을 메웠다'는 응답자가 122명(30.5%)으로 가장 많았다. '저축과 금융자산을 헐어 대처했다'고 답한 은퇴자(25.5%)가 다음으로 많았고, '퇴직연금과 개인연금을 적극적으로 관리해 연금으로 수령하는 방식으로 대처했다'는 응답자는 9%밖에 되지 못했다. 그런데, 다시 현역 시절로 돌아가면, 연금을 잘 관리해 대처하겠다고 응답한 비율이 크게 증가했다고 한다. 목돈보다 연금이 낫다는 인식이 확산하고 있음을 보여주고 있다.

시간에 투자하라

무엇보다 연금의 가장 큰 장점은 '복리효과'다. 워렌 버핏이 말한 '복리의 마법'인데, 이 효과가 가장 잘 발휘되는 것이 연금이다. 다른 말로 '시간 레버리지'라고도 한다. 내가 일할 때, 잠잘 때, 놀 때 상관없이 계속 불어난다는 뜻이다.

내가 할 일은 중간에 깨지 말고, '시간'이 내 돈을 벌어주도록 내버려 두면 된다. 그렇게만 하면 '투자 수익금'에 '과세이연' 및 '세제 혜택'까지 합쳐 복리로 불어난다.

정부는 연금저축이나 개인형 퇴직연금(IRP: Individual Retirement Plan) 계좌에 투자하면 연간 900만 원까지 세액공제 혜택을 주는 등 국민의 노후 준비를 적극 지원하고 있다. 연봉이 5,500만 원 이하이면 최대 16.5%, 148만 5천 원을 연말정산 때 환급금으로 돌려준다. 30대에 접어들어 세금을 어느 정도 내기 시작하는 시기에는 절대 놓치면 안 된다.

해외 주식형 펀드와 ETF(Exchange Traded Fund: KOSPI, S&P 500처럼 특정 지수를 추종하도록 설계)에 투자하면 매매 차익과 배당금 등 금융소득에 15.4% 세율을 부과한다. 그러나, 연금계좌에서 투자하면, 운용수익에 대해 인출할 때까지 과세하지 않는다. 또 만 55세 이후에 연금으로 수령하면 5.5~3.3% 세금만 낸다. 앞으로 정부가 퇴직연금이나 개인연금저축, 주택연금 등에 대해 세제상 지원을 늘려주면 국민연금과 기초연금 외에 추가로 노후를 대비하려는 사람에게 큰 도움이 될 것이다.

내가 지켜야 하는 것 vs 나를 지켜주는 것

어느 유명 유투버의 말이다. 2030들이 부동산에 관심이 많다. 과거 50년 동안 자산 불리기가 부동산을 중심으로 이루어졌고, 2030도 그걸 보고 자랐기 때문이다. 그러나, '1958년 개띠'로 상징되는 부모세대에 비해 2030이 앞으로 부동산을 통해 자산 축적에 성공할 가능성은 그리 높아 보이지 않는다.

요즘 2030은 코인 등 위험 투자에도 과감하다. 큰돈 벌 수 있지만, 자칫 '청년 파산' 할 수도 있다. 부동산, 주식, 코인에 열공하는 것은 좋지만, 연금을 무시하면 안 된다.

연금은 큰 빚 낼 필요가 없고, 꾸준하기만 하면 된다. 개인연금저축은 담배 끊고 월 10~15만 원 내외로 장기 투자할 수 있다. 인플레이션 시기에는 방어력이 약한 것이 단점이지만, 국민연금이나 기초연금은 매년 물가 반영을 해주기 때문에 이것도 걱정할 필요가 없다.

국민연금 가입을 의무화하는 이유?

국민연금의 '의무 가입'이 '복리효과'가 제대로 발휘되게끔 하는 핵심요소다.

"만일 의무 가입을 없애면 무슨 일이?"

민영연금으로 바뀌게 된다. 그리고, 이렇게 민영연금으로 바뀌면, 공적연금이 가진 장점들을 잃어버리게 되어 국민에게 큰 손해다.

칠레의 사례를 보자. 1980년대 초 피노체트 정권 때 공적연금을 민영화했는데, 그 결과 노후 빈부 격차가 심해졌고, 민영 보험사들의 배만 불렸다고 한다. 2023년 여름, 칠레의 수도 산티아고에서는 연금에 기대는 것은 아예 포기하고, 일시금으로 달라는 대규모 시민 시위까지 벌어졌다고 한다.

우리나라 청년층이 국민연금 의무 가입에 대해 거부감을 느끼는 것은 사실이다. 무엇보다 내가 낸 돈을 나중에 돌려받을 수 있을까 하는 불안감이 가장 큰 원인이다. 그러나, 국민연금이 곧 성숙되고, 연금에 대한 관심도 최근 폭발적으로 커지고 있다. 얼마 안 가 공적연금과 사적연금이 상승작용을 일으켜 전체 연금시장의 파이(pie)가 엄청나게 커질 것이 분명하다. 국민연금과 민영연금은 서로 'win-win' 할 수 있다.

연금은 주로 '소비'로 연결된다. 현재 우리나라 경제는 수출은 그런대로 괜찮으나, 국내 내수경기 부족으로 장기적 침체의 원인으로 작용할 우려가 크다고 한다. 연금은 노년층의 소비 활성화를 통해 국민경제에도 상당한 기여를 할 수 있다.

미국은 '연금부자'의 나라*

　미국 최대 퇴직연금 자산운용사인 '피델리티'가 401K(미국 퇴직연금제도) 가입자 중 100만 달러(약 14억 원) 이상의 잔액을 가진 가입자가 2024년 6월 기준으로 49만 7,000명으로 사상 최대치를 기록했다고 밝혔다. 또 2023년에 미국 노동부가 발표한 소비자 지출 조사에 따르면, 65세 이상 노인은 미국 총지출의 약 22%를 담당한 것으로 나타났다. 미국이 글로벌 경제 불안 속에서도 탄탄한 경제성장을 할 수 있었던 배경에 노인 소비가 자리 잡고 있다는 것이다.

　월스트리트저널(WSJ)은 "베이비붐 세대는 77조 1,000억 달러(약 10경 8,000조 원)의 부를 축적했고, 이들이 '인플레이션'과 '고금리'라는 양대 경제 악재를 완충하는 역할을 하고 있다"고 보도했다.

〰〰〰〰〰

* 2024년 12월 4일자 동아일보

03

연금 준비
어디에서부터 시작할까?

　자산관리 전문가들이 공통으로 하는 말이 '국민연금과 기초연금 등 공적연금을 중심으로 현금 흐름을 설계하라'이다. 공적연금이 액수도 가장 크고, 연금 받을 나이와 금액이 정해져 있기 때문이라는 것이다. 여기에 퇴직연금과 개인연금, 그리고 주택연금을 적절히 배치하는 것을 권고한다.

내 연금 얼마나 쌓여 있나?
　먼저, 본인이 노후에 필요한 자금이 얼마나 될지 알아봐야 한다. 개인별로 처한 상황에 따라 다르겠지만, 일단 공적기관이 발표한 자료가 참고된다. 2021년에 국민연금공단 산하 「국민연금연구원」에서 '국민노후보장 패널조사'라는 것을 실시했는데, 이때 부부 기준으로 노후에 필요한 월평균 최소생활비와 적정생활비를 계산해 놓은 것이 있다.

서울 거주의 경우, 최소생활비 월 232만 원, 적정생활비는 330만 1천 원으로 나왔고, 광역시는 각각 203만 7천 원과 279만 9천 원, 도 지역은 각각 185만 8천 원과 258만 7천 원으로 조사되었다. 전체 평균은 최소생활비 198만 7천 원, 적정생활비 277만 원이다.

다른 통계로, 통계청·금융감독원·한국은행이 실시한 '가계금융복지조사' 결과도 있는데, 2023년 기준으로 최소생활비 231만 원, 적정생활비 324만 원으로 조사되었다. 두 가지 조사 결과를 합치면, 부부 기준으로 필요한 노후 생활비는 최소 200~230만 원, 적정 260~330만 원 선이다.

다음으로는, 현재 본인 앞으로 연금이 얼마나 쌓여 있는지 확인해야 한다. 금융감독원 홈페이지(www.fss.or.kr)에 들어가면 '금융소비자보호'라는 란이 있는데, 여기에 '통합연금포탈'이라는 항목이 있다. 지금까지 본인이 가입한 국민연금, 퇴직연금, 개인연금저축 등을 '내 연금조회·재무설계'에서 한눈에 조회할 수 있다. 위의 필요한 노후 생활비에서 지금까지 모은 본인 연금액을 빼면 부족액이 나온다.

부족한 연금 어떻게 채울까?

"건강보험은 하나로! 연금은 여러 개로!"
"국민연금 · 기초연금 확실히 해두고, 다층 연금 탑 쌓자!"

「국민건강보험」 외에 실손의료보험을 같이 들어놓는 국민이 많다. 필자는 '건강보험은 하나로!'가 바람직하다고 생각한다. 실손보험까지 이중으로 가입하는 것보다는, 건강보험료를 더 내더라도 국민건강보험으로 일원화하고, 대신 국가가 「국민건강보험」의 보장성을 강화하는 것이 국민에게 훨씬 이익이 될 것이다. 그러나, 연금은 다르다. '국민연금 하나로'가 아니라, '연금은 여러 개로' 준비해야 한다.

「다층소득 보장체계」를 활용하는 것이다. 우리나라는 현재, 0층(기초연금), 1층(국민연금) 등 공적연금을 토대로 2·3층에 해당하는 퇴직·개인·주택·농지연금 등으로 준비되어 있어, 외형적인 측면에서는 연금제도의 틀이 완성되었다고 할 수 있다.

수익률 높은 연금부터 순차적으로!

먼저, 퇴직연금과 국민연금을 비교한다. 퇴직연금은 본인이 보험료를 내지 않고, 사용자가 월 소득의 8.33%를 전액 부담한다. 퇴직연금 운용을 은행이나 민간 자산운용사에 맡기는데 평균 2%대의 수익률을 내고, 운용사의 수수료 등 사업비를 공제한 후, 원하는 수령 기간(주로 10년) 동안 연금으로 받는다. 이에 비해, 국민연금은 운용 수수료 등 사업비를 떼는 일이 없고, 사망할 때까지 평생 주고, 물가에 연동해서 실질 가치도 보장한다. 연평균 수익률은 6%대다.

다음으로, 기초연금과 국민연금을 비교하면, 기초연금은 본인이 보험료를 한 푼 내지 않고, 재원이 전액 국가 및 지방자치단체의 일반재정이다. 일본에도 우리나라 기초연금과 비슷한 제도가 있는데, 일본 국민은 보험료의 절반을 본인이 부담하고 있다.

기초연금은 65세부터 받고, 2025년 현재 월 34만 원이 조금 넘는다(다만, 소득 상위 30% 및 공무원·군인·사학연금 수급자 및 그 배우자에게는 기초연금을 지급하지 않는다). 국민연금과 마찬가지로 기초연금도 사망 시까지 평생 나오고, 매년 물가에 연동해서 올려준다. 연금액 수준을 비교하면, 국민연금이 훨씬 많다.

마지막으로, 개인연금저축과 국민연금을 비교하면, 개인연금저축은 보험료 전액을 본인이 부담하고, 평생 지급하지 않고(생명보험회사가 취급하는 '연금보험'은 종신형이지만, 연금 액수가 많이 줄어든다), 물가 연동도 되지 않는다. 수익비는 국민연금이 낸 것의 2배를 넘는 등 개인연금에 비해 유리하다. 같은 조건일 경우 국민연금이 개인연금의 1.4배(월 468만 원 소득자)~2배(월 239만 원 소득자)에 이르는 것으로 나타났다.*

결론은, 국민연금을 최대한 활용하고, 기초연금은 놓치지 말고, 퇴직연금과 개인연금저축으로 보완하는 것이다.

노후 생애를 기준으로 연금을 조합하는 방법
[가정] 55세에 주된 직장에서 은퇴하지만, 건강이 허락하는 한, 69세까지는 'part-time' 형태라도 계속 일을 한다. 69세에 완전 은퇴를 선언하고, 70세부터 90세 사망 시까지 생애 마지막 20년은 여유롭고 편안한 노후를 보낸다.

사망 시점을 기준으로 거꾸로 접근해 보자. 70세~사망 시까지 20년은 국민연금·기초연금·주택연금 등 연금 3종 세트에 의존하면 된다. 미리 충실하게 준비해 놓았다면, 다른 소득 없이 세 가지 연금만으로도 노후를 걱정 없이 보낼 수 있다.

---

* 30년 가입, 20년 수급 조건. 국민연금 수령액 4억 7,744만 원(월 239만 원 소득자)~7억 1,204만 원(월 468만 원 소득자) vs 개인연금 수령액 2억 5,355만 원(월 239만 원 소득자)~4억 9,650만 원(월 468만 원 소득자). 개인연금 연평균 수익률 3.98% 가정. 국민연금은 물가 상승분 반영. 국민연금공단 보도 해명자료. 2018년 8월 17일자

55세~69세까지는 퇴직연금·개인연금저축을 통해 연금이 나오도록 해놓으면 도움이 된다. 이 시기에는 일을 통한 수입이 충분하지 않을 것이므로 부족한 생활비나 여가비를 이 두 가지 연금으로 보충하는 것이다. 65세부터는 기초연금이 나오기 시작하므로 더 여유가 생긴다. 국민연금도 65세부터 받을 수 있지만, 수령을 5년 뒤로 연기하는 것이 더 낫다. 1년에 7.2% 수익률로 가산되기 때문이다.

　은퇴를 앞둔 40대 후반~50대 초반이라면, 지금 본인의 국민연금이 얼마나 쌓여 있는지 확인하고, 현재 시점에서라도 국민연금을 최대한 받는 방법이 혹 없는지 국민연금공단 지사를 직접 방문하여 상담할 것을 권고한다.

제2장

국민연금 활용법

01

100세 시대 동반자, 평생 월급 국민연금

이제부터 연금제도 하나하나에 대해 장점과 한계, 알아두어야 할 내용 및 활용법 등에 대해 필요한 정보를 제공하고자 한다. 먼저, 국민연금에 대해 집중적으로 다루고, 이어서 기초연금·퇴직연금·개인연금저축 및 주택연금에 대해서도 차례대로 설명한다. 마지막으로 연금과 관련된 세금과 건강보험료에 대해서도 다룬다.

국민연금과 기초연금 같은 경우에는 어차피 정부가 알아서 관리하는 것이고, 내가 신경 쓴다고 특별히 달라지는 것도 없을 거라 생각하지만, 그렇지 않다. 국민연금제도의 내용을 몰라서 결과적으로 손해 보는 사람들이 의외로 많다. 섣불리 자기 판단으로 결정해서 나중에 후회하는 경우도 종종 본다.

2,200만 명! 700만 명! 1,200조 원! 110만 원!

이 숫자들을 듣고 하나 이상 맞힐 수 있는가? 2024년 말 현재 국민연금 총 가입자는 2,198만 4,004명이다. 2022년 말 2,249만 8천 명까지 증가했다가 2023년부터 감소세로 접어들었다.

<국민연금 가입 현황> (단위 : 명)

총 가입자 (A+B)	소득 신고자					납부예외 (B)	장기체납
	소계(A)	사업장가입	지역가입	임의가입	임계가입		
21,984,004	19,186,321	14,675,745	3,715,425	315,926	479,225	2,797,683	635,756

2024년 12월 말 현재 매월 보험료를 납부하는 '소득 신고자'가 1,918만 6,321명인데, 이 중 보험료의 절반을 사용자가 내주고 있는 '사업장 가입자'가 1,467만 5,745명이고, 보험료 전액을 본인이 부담하는 '지역가입자'가 371만 5,425명이다. 실직·폐업 기타 경제적인 사유로 보험료를 내지 못하거나, 장기 체납하고 있는 사람들도 347만 3,634명에 이르고 있다.

국민연금을 받으려면 연금 보험료를 최소한 10년 이상 납부해야 한다. 국민연금 수급자 수가 이미 700만 명을 넘어섰고, 가입 기간 20년이 넘는 수급자의 평균 연금액이 월 110만 원 정도 된다. 국민연금공단은 2024년 말 현재 약 1,200조 원에 이르는 기금 적립금을 보유하고 있다.

국민연금 얼마 내고 얼마 받나?

어느 직장인 생애 월급 평균이 300만 원이고, 25년간 국민연금에 가입한 후 65세부터 평균 수명에 해당하는 90세까지 25년간 연금을 받는다고 가정하면, 납부한 보험료 총액은 8,100만 원이고, 연금 개시 당시 받는 연금 월액이 76만 원, 그리고 90세까지 총 수령액은 2억 9,000만 원 정도 된다(물가상승분 연평균 2% 반영). 수익비가 3.58배에 이른다.

보험료율이 13%까지 오르더라도 수익비는 여전히 2.5배 정도 된다. 연차별 수령액으로 보면, 현행 9% 보험료율을 유지할 경우 9년 차, 즉 73세에 '손익분기점'을 넘어서고, 13%까지 보험료가 인상될 경우 12년 차인 76세가 손익분기점이 된다. 이때 이후에는 오래 살수록 무조건 得이다.

우리나라 국민연금의 歷史

국민연금은 노후소득 보장 측면보다는 '경제개발에 활용할 자금을 확보한다'는 측면에서 시작되었다. 1971년 한국개발연구원(KDI)이 설립되었는데, 설립 초기부터 KDI는 국민연금 도입에 관한 연구를 실시하였고, 정부에 도입을 건의했다. 1973년 1월에 박정희 전 대통령이 1974년부터 '국민복지연금제도'를 도입하겠다고 발표했으며, 그해 12월 '국민복지연금법'이 국회를 통과했다. 그러나, 곧바로 이어진 석유파동으로 국내 경제가 심대한 타격을 받게 되자 박정희 전 대통령은 긴급조치를 발동, 국민복지연금제도 시행을 무기한 연기한다.

국민연금제도를 다시 시작한 것은 전두환 정부 때였다. 1986년 8월 11일 대통령이 국민연금제도 실시방안을 포함한 국민복지 3대 정책을 발표했으며, 1988년 1월 1일 10인 이상 사업장을 대상으로 국민연금제도가 역사적인 첫 걸음을 내딛었다. 이후 농어촌 지역과 도시 지역에 대해 확대하는 과정을 거쳐, 1999년 4월 전 국민연금제도가 완성되었다.

02

우리나라 국민연금은 용돈 연금?

가입 기간 20년 이상이면 월 111만 원
: 3억 원 연금 자산가!

2024년 9월 현재 695만 명이 국민연금(노령·장애·유족연금)을 받고 있다. 65세 이상 노인 인구의 68.8%이다.

행정안전부 주민등록 인구통계 (기준: 해당연도 12월, 단위: 명, %)

구분	2013	2018	2023	2024. 9.
65세 이상 인구	6,250,986	7,650,408	9,730,411	10,110,695
국민연금 수급자	2,029,791	3,118,722	4,979,645	6,955,362
비율	32.5	40.8	51.2	68.8

현재 국민연금 평균액은 월 65만 원(최고액 289만 원)에 그치고 있는데, 이는 현 국민연금 수급자 중 가입 기간이 20년이 되지 못한

사람이 많은 것이 원인이다.

(기준 : 해당연도 12월, 단위 : 원)

구분	2008	2013	2018	2023	2024. 9.
최고연금월액	1,123,150	1,658,690	2,045,550	2,664,660	2,893,550
평균연금월액	433,640	474,346	509,909	620,300	654,471

그런데, 가입 기간이 20년 이상인 수급자는 월평균 연금액이 110만 원이 넘는다. 2024년 9월 현재 112만 1,013명에 이르고 있다. 국민연금 월 110만 원은 자산 가치로 따지면 3억 원 이상의 금융자산을 보유하고 있는 것과 마찬가지다. 시세 3억 원 주택을 주택연금에 가입하면, 65세부터 월 75만 원 정도 준다. 또 민간 자산운용사에 가서 평생 월 100만 원을 받으려면 일시금으로 얼마나 넣어야 하는지 상담해 보라. 죽을 때까지 월 100만 원 연금은 우습게 볼 금액이 아니다.

(기준 : 해당연도 12월, 단위 : 명, 원)

구분	2013	2018	2023	2024. 9.
20년 이상 국민연금 수급자	124,468	337,051	977,752	1,121,018
평균 연금월액	848,590	911,369	1,036,854	1,109,932

금년 1월에는 국민연금으로 월 300만 원 받는 수급자도 처음으로 나왔다. 1988년 국민연금제도 시행 당시부터 가입해 30년 이상

장기 가입하면서 가입 기간이 길었던 것이 큰 역할을 했다고 한다.

국민연금은 가입 기간이 길수록 더 많이 받는다!

국민연금공단의 '노령연금 신규 수급자' 자료를 보면, 가입 기간이 노후 연금 수령액을 결정하는 데 큰 영향을 미친다는 것을 확인할 수 있다. 월 100만 원 이상 수급자의 70% 이상이 20년을 넘는 사람들이다.

100세 이상 국민연금 수급자도 증가하고 있다. 지난 10년 사이 6배가 늘었다. 국민연금공단은 2024년 9월 기준으로 여성 133명, 남성 61명 등 모두 194명이라고 밝혔다.

2023년 12월 18일부터 국민연금공단에서는 '내 연금 알아보기'를 통해 본인이 가입한 공·사 연금정보 조회가 가능해졌다. 국민연금·퇴직연금·개인연금·주택연금·농지연금·군인연금·별정우체국 등 총 7종이다.

언제부터 국민연금 받을 수 있나?

국민연금은 65세부터 받을 수 있다. 과거에는 60세부터 받을 수 있었는데, 1998년 IMF 당시 국민연금 개혁으로 매 5년에 1세씩 연장하여 2033년에 65세에 도달한다. 다음 표에서 본인의 출생 해당 연도를 찾으면 언제부터 국민연금 수급이 개시되는지 확인할 수 있다.

<국민연금 지급 시기>

출생 연도	지금 연령	해당 연도	출생 연도	지급 연령	해당 연도	출생 연도	지급 연령	해당 연도	출생 연도	지급 연령	해당 연도
1953		2014년	1957		2019년	1961		2024년	1965		2029년
1954	61세	2015년	1958	62세	2020년	1962	63세	2025년	1966	64세	2030년
1955	(56세)	2016년	1959	(57세)	2021년	1963	(58세)	2026년	1967	(59세)	2031년
1956		2017년	1960		2022년	1964		2027년	1968		2032년

유럽 노인들은 한 달에 몇 백만 원씩 받는다고?

독일, 영국, 스웨덴 등 OECD 주요 국가들의 평균 연금액은 월 130~140만 원 정도다. 독일 143만 원('22년), 영국 145만 원('23년), 캐나다 131만 원('24년), 일본 132만 원('22년), 스웨덴 134만 원('24년) 등이다. 다만, 핀란드는 256만 원('22년), 네덜란드 225만 원('24년), 미국 OASDI 225만 원('22년) 정도를 받고 있다.

우리나라는 국민연금 20년 이상 가입자가 국민연금으로 월 110만 원 정도 받고, 기초연금으로 월 17만 원을 받기 때문에(기초연금은 원래 월 34만 원인데, 국민연금을 받는 사람은 기초연금이 감액된다) 합쳐서 월 127만 원 정도 된다.

여기에 '퇴직연금'도 있다. 사람마다 다르지만, 퇴직연금으로 월 30~40만 원 정도는 받을 수 있으므로, 국민·기초연금+퇴직연금을 합치면 월 150~160만 원 정도를 받을 수 있다. 이 정도의 연금을 받기 위해 국민이 부담하는 보험료율은 유럽 국가들의 1/2에 불과하다. 9%의 보험료율로 월 126~156만 원 수준의 연금액을 받기 때문에, 18%의 보험료율로 월 130~140만 원 내외를 받는 유럽 국가들과 비교하면 훨씬 이익이다.

03

국민연금의 장점들

"높은 수익비"

"종신 지급"

"물가 반영"

"소득 재분배"

"사고·질병에 대한 보험"

"높은 투자 수익률"

"수수료 면제"

"크레딧과 보험료 지원"

국민연금이 얼마나 좋은지 'key word'만 뽑아본 것이다. 2017년 사회조사 결과(통계청)에 따르면, 노후 준비의 주요 수단 가운데 국민연금이 53.3%로 단연 1위로 꼽혔다(2위 예·적금 18.8%, 3위 사적연금 9.8%).

수익비가 높다

본인이 낸 것 대비 많이 받는다는 말인데, 중간 소득 정도에 해당하는 가입자의 수익비가 '2.2'다. 소득이 낮은 사람은 수익비가 '4' 정도 되고, 최고 소득자도 '1.4'이다.

종신 지급한다

국민연금은 사망 시까지 종신 지급한다. 민간 연금 중에서 종신 지급하는 것은 생명보험회사의 '종신보험'이 유일하다. 문제는 연금액이 너무 낮다.

물가를 반영해서 지급한다

국민연금은 연금 수급이 개시된 이후 매년 '물가상승분'을 반영하여 지급한다. 국민의 장기적인 노후소득 보장을 목적으로 하므로 연금의 실질 가치를 국가가 보장하는 것이다. A씨가 2003년에 국민연금을 처음 받을 때 월 66만 4,319원을 받았는데, 2023년에 월 105만 9,534원으로 약 40만 원 올랐다. 금년 1월에도 국민연금 수령액이 전년 대비 2.3%p 인상됐다.

1998년에 자장면값이 3,350원이었고, 쌀 20kg 값이 5만 1,438원이었는데, 2023년에는 각각 8,000원, 7만 5,000원으로 올랐다. 민간 연금상품은 약정금액만 지급하기 때문에 이렇게 물가가 상승하면 연금액의 가치가 떨어진다.

"60세부터 지금까지 받은 금액이 벌써 제가 부은 금액의 3배를 넘었습니다. 앞으로 이 보장성 보험만큼은 충분히 보장할 수 있도록 해주시면 좋겠습니다."

국민연금 수급자의 목소리다. 워렌 버핏은 투자 수익률이 물가 상승률에 미치지 못하는 경우를 '나쁜 투자'라고 말했는데, 이런 관점에서 보면, 국민연금은 은퇴 이후 제2의 투자를 대신해 주는 '좋은 투자'인 셈이다.

소득 재분배 기능이 있다

국민연금에는 소득 재분배 기능이 강하게 들어 있다. 저소득층일수록 낸 돈보다 훨씬 많은 연금을 받도록 설계되어 있어 우리 사회의 양극화 현상을 완화하는 데 도움이 된다(공무원연금에는 이런 제도가 없다).

2023년에 한국개발연구원(KDI)이 '우리나라 중산층의 현주소와 정책과제'라는 보고서를 발표했는데, 최근 국민연금이나 기초연금과 같은 정부 이전지출이 늘면서 우리나라 중산층 비중 증가를 이끌었다고 설명했다.

사망·질병·부상에 대한 보험 기능이 있다

국민연금은 가입 기간 중 질병, 부상, 사망으로 인해 소득이 감소하는 경우 소득 감소분을 보장하는 보험 기능이 있다. 질병이나 부상으로 거동이 불편해질 경우 장애연금이, 국민연금 당사자가 사망했을 경우에는 배우자에게 유족연금이 지급된다.

투자 수익률이 높다

1988~2023년까지 국민연금공단 기금운용본부의 연평균 투자 수익률이 6%를 넘는다. 같은 기간의 금, 달러, 코스피 등의 수익률보다 높다.

<최근 11년간 국민연금과 다른 자산군의 수익률 비교>

구분		2012	2015	2018	2021	2022	2012~2022 변화율(%)
기금적립금(조 원)		357.7	475.9	636.2	847.1	967.6	170.5
ㄴ 기금운용수익(지수)		100	-	-	-	158.2	58.2
원달러 환율		1,071.1	1,172.0	1,118.1	1,185.5	1,267.3	18.3
주가지수	KOSPI	1,786.5	1,774.9	1,893.9	2,856.1	2,412.9	35.1
	KOSPI200	263.9	240.4	262.0	394.2	291.1	10.3
금	국내_24K매수(원)	225,000	163,500	188,500	302,000	320,000	42.2
	국내_24K매도(원)	210,000	149,500	171,500	283,000	287,000	36.3
	해외_현물($)	1,674.95	1,061.30	1,282.82	1,828.39	1,824.40	8.9
	해외_선물(지수)	975.7	617.3	746.0	1,064.6	1,063.2	9.0
채권	국내(지수)	204.6	232.7	249.6	258.9	244.5	19.5

구분	국내	해외
기금적립금	기금정책분석실 자료, 기금 전체_연도별 금액 가중된 기금 평잔 기준(단위 : 조 원)	
기금운용수익	기금정책분석실, '22년 성과평가 자료, 2012년을 기준연도(=100)로 설정 후, 10년 연평균 수익률(4.70%)을 적용해 계산(단위 : 지수)	
원달러	한국은행 경제통계시스템 1달러 대비 원화 가격	
금	한국거래소 기준, 24K, 3.75g 1돈(단위 : 원)	Investin, XAU/USD, 24K, 1트로이온스(약 31.1g, 약 8.3돈) Bloomberg, S&P GSCI 금 지수 기준(단위 : 지수)
주가지수	Dataguide, KOSPI, KOSPI200(단위 : 지수)	Dataguide, 다우지수, S&P500(단위 : 지수)
채권지수	CheckXXPlus, 채권평가사 KIS(단위 : 지수)	Bloomberg, 미국 Gloval aggregate Index(단위 : 지수)

수수료 떼는 일 없다

국민연금은 국가가 관리 운영하기 때문에 수수료·광고료 등 기타 사업비 명목으로 공제하는 것이 없으며, 이윤을 남기지도 않는다.

크레딧과 보험료 지원, 놓치지 말자!

'크레딧'은 보험료를 내지 않아도 해당 기간을 '국민연금 가입 기간'으로, 즉 보험료를 낸 것으로 인정해 주는 제도다. 또 저소득 근로자, 지역가입자, 농어민 등에게 보험료를 경감 또는 면제해 주는 제도가 있다.

먼저, '크레딧' 제도다. 정부가 국민연금 사각지대 완화를 위해 2008년에 도입했다. '출산 크레딧'은 자녀를 둘 이상 출산한 여성에게 12개월에서 최대 50개월까지 가입 기간으로 인정해 준다. 앞으로 첫째 아이부터 적용해야 하고, 인정 기간도 더 확대해야 한다. 몇 년 전 한 토론회에서 '1982년생 김지영 연금'이라는 이름도 나왔다. 독일, 스웨덴 등 유럽 국가들은 출산 외에 양육 기간까지 인정해 주고 있다(독일 3년, 스웨덴 4년).

우리나라는 심각한 출산율을 걱정하면서도 이런 분야에서까지 소극적이다. 국민연금 개혁을 하겠다고 한다면, 이런 부분부터 빨리 개선되어야 한다. 마침 국회에서 첫째부터 인정해 주고, 인정 기간도 36개월로 확대하는 법률 개정(안)이 발의되어 있다.[*]

'군 복무 크레딧'은 6개월을 인정해 주고 있다. 6개월에 월 1만

---

* 첫째아부터 12개월 및 상한 폐지, 출산·양육 크레딧으로 명칭 변경(남인순 의원), 첫째아부터 24개월 부여(서영석, 이수진 의원)

원 정도의 연금 인상 효과가 있다. 스웨덴은 전체 복무 기간, 독일도 최대 18개월까지 인정하고 있다. 현재 군 복무 기간 전체를 인정하는 내용의 법안도 발의되어 있다.* 이것도 빠른 시일에 국회를 통과해야 한다.

'실업 크레딧'은 구직급여 수급자가 최대 1년간 연금 보험료의 25%를 부담하면 가입 기간으로 계산해 준다.

<크레딧 제도>

구분	출산 크레딧	군 복무 크레딧	실업 크레딧
대상	둘째 자녀 이상 출산 시	현역병, 전환복무자, 상근예비역, 사회복무요원	국민연금 가입자 또는 가입자였던 구직급여 수급자 중 희망자
반영 수준 (인정소득) A값의 100%	(반영 기간) 둘째 12개월, 셋째부터 1인당 18개월 추가 인정, 최대 50개월 (인정소득) A값의 50%	(반영 기간) 6개월 (인정소득) 실직 전 3개월 평균 소득 50%, 최대 70만 원 - 연금 보험료의 75% 지원하며, 25%는 본인 부담	(반영 기간) 구직급여 수급 기간(최대 1년)
연혁	2008. 1. 1. 시행	2008. 1. 1. 시행	2016. 8. 1. 시행

다음은 보험료 지원제도다. 근로자 10인 미만 소규모 사업장의

---

* 복무 기간 전체를 가입 기간으로 인정, 복무 종료 시 지원, 인정소득은 A값의 50~100%(김예지, 서영석, 이수진, 김선민, 김미애 의원)

월 근로소득 270만 원 미만의 근로자에 대해 최대 3년간 국민연금 보험료의 80%까지 지원한다(2024년 기준).

2012년 7월부터 '두루누리 보험료 지원사업'의 이름으로 시행되고 있는데, 2022년 말까지 총 194만 개 사업장의 821만 명의 근로자에게 총 6조 5,943억 원을 지원하여 보험료 부담을 크게 경감시키고 있다(2023년 8,592억 원 지원). 또 '배달 라이더' 같은 플랫폼 청년 노동자들은 보험료 전액을 본인이 다 내고 있어서 어려움을 겪고 있다. 이들에 대해서는 독일처럼 사업장 가입자로 전환하여 보험료 절반을 부담해 주든가, 아니면, 현재 시행하고 있는 '지역가입자 보험료 지원제도'를 확대하여 부담을 덜어줄 필요가 있다.

<보험료 지원제도>

구분	두루누리 사회보험료 지원	가사근로자 연금보험료 지원	저소득 지역가입자 국민연금 보험료 지원	농어업인 보험료 지원
지원 대상	근로자 수 10인 미만 사업장의 저소득 근로자 (월평균 보수 270만 원 미만, 재산 6억 원 미만[2024년])	인증받은 가사서비스 제공기관의 저소득 가사 근로자 (월평균 보수 270만 원 미만, 재산 6억 원 미만 [2024년])	사업중단, 실업, 휴직 등의 사유로 납부예외한 후 납부재개한 저소득 지역가입자 (재산 6억 원 미만, 사업·근로소득 제외한 소득이 연 1,680만 원 이하 [2024년])	종합소득이 연 6,000만 원 미만이며, 재산세 과세표준액 합계액이 12억 원 미만인 농어업인
지원 내용	보험료의 80%	보험료의 80%	보험료의 50% (월 최대 46,350원)	보험료의 50% (월 최대 46,350원)
지원 기간	최대 36개월	최대 36개월	최대 12개월	제한 없음

국민들은 크레딧과 보험료 지원제도가 있다는 것을 놓치지 말고 꼭 신청을 해서 국민연금 가입 기간을 늘리는 것이 중요하다. 정부 입장에서도 이번에 국민연금 개혁을 하면서, 2030 청년, 여성, 저소득층이나 중소기업 등에 대해 크레딧과 보험료 지원제도를 더욱 확대하는 편이 낫다.

04
국민연금 맞벌이!
오래 사는 것이 가장 이득!!

"국민연금 월 300만 원 이상 부부 수급자 1천 쌍 돌파!"

2023년 12월 연합뉴스 기사 제목이다. 국민연금 부부 수급자가 2024년에 약 77만 쌍에 이르고 있다. 2013년에 13만 쌍이었는데, 그새 6배나 증가한 것이다. 월 300만 원 이상 받는 부부 수급자도 2024년에 1,500쌍이다.

요즘 2030은 맞벌이가 대세다. 미래에셋 투자연금센터 김동엽 상무는 "현재 국민연금을 타는 고령층은 남편만 일한 경우가 많았지만, 경력 단절 여성은 추후 납부제도를 활용해 오래전 가입했던 국민연금을 되살리고, 소득이 없는 전업주부는 국민연금 임의가입제도를 활용해 연금 맞벌이로 변신했다"면서 "젊은 층은 둘이 버는 가정이 절반을 넘기 때문에 연금 맞벌이는 앞으로 대세가 될 것"이라고 말했다(조선일보, 2024. 5. 16.).

부부합산으로 가장 많은 연금을 타는 부부는 제주에 사는 60대 후반 부부(남편 69세, 배우자 67세)인데, 국민연금만으로 월 542만 7,630원을 받고 있다(남편 259만 7,670원, 배우자 282만 9,960원). 필자가 직접 방문해서 인터뷰를 했다. 부부 모두 1988년 국민연금제도 도입 첫해부터 가입해 가입 기간이 길었고(남편 27년 9개월, 배우자 28년 8개월), 거기에다 연금 수령 시기를 5년 연기해 받는 연금액을 늘렸다.* 이들 부부가 납부한 보험료는 총 1억 7,476만 6,500원이다(남편 8,506만 1,100원, 배우자 8,970만 5,400원).

부부 수급자가 가장 신경 써야 하는 것은 건강관리다. 국민연금은 일찍 죽는 게 제일 억울하다. 부부가 연금을 받다가 어느 한쪽이 사망하게 되면, 남겨진 배우자는 두 가지 연금을 다 받을 수 없다. 「국민연금법」에 어느 한 사람에게 중복해서 지급하지 않는다는 조항이 있기 때문이다.

---

* 남편(1956년생)은 원래 2017년 1월부터 월 157만 6,970원을 받을 수 있었으나, 5년 연기해 2022년 1월부터 233만 2,090원을 받기 시작했고, 배우자(1957년생)는 원래 2019년 5월부터 월 180만 6,260원을 받을 수 있었으나, 5년 연기해 2024년 5월부터 276만 6,340원을 받기 시작했다.

2030 '월 500만 원 연금부자' 되기!

① 맞벌이 직장인 부부 오래 버티기! (국민연금+퇴직연금 동시 해결)
② 내 집 마련! (주택연금도 확보)
③ 연금에 일찍 설계하기 (개인연금저축 등) → 부부 연금 부자!

지금 젊은 직장인 부부라면 5억 원 아파트를 마련하면서, 노후 연금으로 월 500만 원까지 확보하는 것이 그리 어려운 일이 아니라고 본다. 이렇게 할 수 있는 가장 높은 확률은 직장인 맞벌이 부부다. 국민연금 · 기초연금 · 퇴직연금 · 개인연금저축 · 주택연금 5종 세트로 준비하는 것이다.

(예시) 5억 원 가치 내 집 마련을 최우선 목표로 하고, 직장생활은 30년을 꾹 참아내겠다고 다짐한다. 각각 직장생활 생애 평균 약 400만 원을 받는다고 가정하고, 주택담보대출 갚고, 나머지는 저축하며 성실하게 살아간다. 이렇게 하면 부부 앞으로 연금이 얼마나 나올까?

65세부터「국민연금」으로 1인 월 115만 원, 부부 국민연금액 월 230만 원+부부「기초연금」월 35만 원+「퇴직연금」부부 월 130만 원(20년 수령 기준)+「개인연금」부부 월 100만 원(매월 20만 원, 30년 불입 및 20년 수령 기준)= 월 495만 원

「주택연금」은 5억 원 아파트면 월 100만 원 정도 되는데, 보통 70세부터 수령하므로 이때부터는 495만 원+100만 원=월 595만 원이 된다. 이 추산은 퇴직연금과 개인연금저축을 안전자산 위주로 운용하였을 경우이고, 기초연금이 곧 40만 원으로 인상될 예정인 점도 고려하지 않았다.

05
국민연금 더 많이 받으려면?

**반납, 추납, 임의가입, 임의계속가입,
연기신청을 활용하자!**

국민연금은 총 불입금이 같아도 가입 기간이 긴 사람이 연금을 더 많이 받는다. 따라서, 국민연금 더 많이 받기 위해서는 '가입 기간을 늘려야 한다'. 또 하나의 방법은 늦게 받는 것이다. 국민연금은 늦게 받으면 그만큼 연금을 더 준다.

반납·추납·임의가입·임의계속가입이 '가입 기간'을 늘려 더 많이 받는 방법이고, 연기연금은 '늦게 받아' 더 많이 받는 방법이다. 먼저, 과거에 여의치 못한 사정으로 일시금으로 타간 돈을 지금 다시 반납하면 가입 기간으로 인정받는 제도가 있는데 이를 '반납'이라 한다.

또 과거에 실직 등으로 보험료를 낼 형편이 되지 못했을 때 납부 예외 신청을 했을 것이다. 이것을 지금 와서 다시 살리는 것, 즉 당시에 내지 못했던 보험료를 지금 내서 가입 기간으로 인정받는 것을 '추납'이라고 한다.

반납이나 추납은 원래 납부했어야 할 원금에다 지난 기간의 이자(1년 만기 정기예금 이자율을 적용한다)를 합하여 국민연금공단에 납부하면 된다. 반납은 최대 24회, 추납의 경우에는 최대 60회까지 분할납부할 수 있다.

특히, 현재 50대라면, 반납·추납은 절대로 놓쳐서는 안 된다. 가성비가 높기 때문이다. 국민연금 자체가 낸 것에 비해 많이 받는 구조로 되어 있는 데다, 반·추납을 하면 과거의 높았던 '소득대체율(예시 : 60%)'을 소급해서 적용해 주기 때문이다. 또 자영업자의 경우 추납한 금액에 대해 소득공제까지 받을 수 있으므로 소득세 감면과 연금액 증액이라는 일거양득을 얻을 수 있다. 단, 최대 119개월까지 추납할 수 있다.

군 복무 기간 추납 놓치지 말자!

최근에는 군 복무 기간 내지 않았던 국민연금 보험료를 추납하는 사람들도 늘고 있다고 한다. 예를 들어, 월급 300만 원을 받는 직장인이 군 복무 기간 2년을 추납하면 납부해야 할 보험료가 648만 원(=300만 원×9%×24개월)인데, 더 받을 연금액은 1,446만 원(=60,240원×12개월×20년)이다(2024. 2. 5. 연합뉴스)이다.

1988년 1월 1일 이후 군 복무 기간이 대상이 된다. 현역과 단기사병 상관없이 가능하지만, '국민연금 가입 기간 중'에만 추납 신청을 할 수 있다는 점도 염두에 두어야 한다.

보험료는 일시 납부해도 되고, 금액이 클 경우 최대 60회 분할납부할 수 있다. 이 경우 반·추납과 동일하게 1년 만기 정기예금 이자율이 가산된다.

세 번째, '임의가입' 신청이다. 전업주부들이 임의가입제도를 활용하는 경우가 많다. 한때 서울 강남 아줌마들의 재테크 꿀팁으로 소문난 적이 있었던 바로 그 제도다. 2024년 6월 현재 임의가입자는 총 32만 4,248명인데, 이 중 여성이 26만 6,014명으로 82%이다.

국민연금 최초 가입이 노후 준비의 첫걸음,
고등학교 3학년 때 임의가입 시켜주자!
최소 납부액이 월 9만 원인데, 필자가 권유하는 것은 18세부터 임의가입 신청을 해두라는 것이다. 이 제도가 있는 것을 모르는 사람들이 아직도 많다. 자녀가 고3 때쯤 되면 자녀 앞으로 임의가입을 들어주는 것이 좋다. 국민연금공단 직원들은 대부분 아들·딸 또는 조카들에게 '고3 임의가입'을 시켜준다.

이렇게 18세부터 임의가입을 해놓고, 만일 자녀가 27세에 직장에 취직한다고 가정해 보자. 이들의 자녀는 직장에 취직할 때 이미 10년의 국민연금 가입 기간을 확보한 상태에서 사회생활을 출발하는 것이다. 나중에 두고두고 칭찬받을 것이다! 또 18세에 임의가입을 시켜주고 나서 혹 보험료를 계속 내기 어려운 사정이 있더라도, 일단 가입을 해놓는 것이 유리하다. 18세 첫 달 치만 임의가입을 해놓으면, 나중에 추납할 기회를 확보할 수 있기 때문이다. 그렇지 않으면 추납의 기회가 부여되지 않는다.

장점이 하나 더 있다. 만에 하나 부상이나 질병으로 장애 상태에 빠지게 되면 '장애연금'을 받을 자격도 생긴다. 극단적인 가정이기는 하지만, 18세에 임의가입으로 한 달 치 9만 2천 원 보험료를 내고, 이후에는 사정이 어려워 보험료 납부예외 신청을 해놓으면, 이후 27세 미만까지 불의의 사고를 당했을 때 최대 월 42만 원의 장애연금이 나온다. 일종의 보험이다. 편법으로 들릴지도 모르겠지만, 엄연히 현행 국민연금법에 규정되어 있다. 나중에 이 조항이 개정될 수도 있겠지만 말이다.

어느 유투버는 이를 두고 '국민연금공단이 절대 알려주지 않는 비밀'이라고 비난하기도 했다. 어쨌든 이런 제도가 있다는 것을 몰라서 활용하지 못했다고 나중에 속상한 일이 생겨서는 안 되지 않을까?*

18세 이상 27세 미만의 임의가입자 수는 2023년 12월 기준으로 전국에 2만 2,208명에 불과하다. 지역별로는 서울 6,220명, 경기도 5,940명, 부산 1,149명 등으로 수도권 및 대도시가 대부분을 차지하고 있다.

네 번째로, '임의계속가입' 제도가 있다. 이 제도는 60세 전까지 보험료 의무 납부를 완료했지만, 국민연금 받기 위한 최소 가입 기간인 10년을 아직 채우지 못했거나, 추가로 가입 기간을 늘려 국민연금을 더 많이 받고 싶은 경우에 활용할 수 있다. 2024년 말 현재 임의계속가입자 숫자는 47만 9,225명이다.

---

* 2024년 9월 3일 민주당 남인순 의원 등 10인이 「국민연금법」 개정안을 발의했다. 청년고용 불안, 기금 고갈론 등으로 청년층의 국민연금 가입률이 낮아 국민연금제도에서 배제될 가능성이 높은 바, 국민연금 가입 이력이 없는 청년층을 대상으로 최초 국민연금 보험료를 국가가 일정 기간 납부함으로써 국민연금 가입을 촉진하겠다는 취지다. 이는 민주당 이재명 대표가 경기도 지사로 재직할 때인 2020년 5월의 '생애 최초 청년 국민연금 지원사업(민선 7기 청년 공약 중 하나)'과 유사하다. 도내 만 18세 이상 청년에게 첫 달 보험료 9만 원을 지원함으로써 국민연금의 조기 가입을 유도하고, 스스로 미래를 설계할 수 있는 계기를 마련해 주자는 취지였다. 원래 2018년에 복지부와 사회보장 협의를 진행하였는데, 당시 복지부에서는 납부 예외자 양산, 재정 건전성 악화, 다른 지자체와의 형평성 등을 이유로 사업 '재협의'를 통보했다. 2020년에도 이견을 좁히지 못해 철회하기로 결정했다.

마지막으로 '연기연금' 제도가 있다. 국민연금은 원래 65세부터 받을 수 있는데, 이때 바로 받지 않고 늦게 받는 제도다. 그런데 이렇게 늦춰 받으면 혜택이 매우 크다. 연 7.2%로 계산해서 합산 지급한다. 무려 연 7.2%다! 요즘 같은 저금리 시대에 상상이나 할 수 있겠는가? 5년을 늦추면 36%를 더 준다. 거기에 70세부터 연금을 탈 때 이렇게 36%가 합산된 금액이 출발점이 되어 매년 물가 인상분만큼 연금액이 올라가므로 65세부터 정상적으로 받는 것에 비해 시간이 갈수록 격차가 더 커진다.

물론, 연기연금은 본인이 일찍 사망하면 손해를 본다. 그러나, 대략 80세까지 10년을 받으면 '손익분기점'을 넘어서고, 이후에는 격차가 점점 커지기 때문에 80세 이상만 살면 연기연금이 무조건 유리하다.

만일 65~69세까지 소득 활동을 한다면, 이 기간에는 굳이 국민연금을 탈 이유가 없다. 나중을 위해 아껴두는 것이다. 또 소득 활동을 하는 동안 국민연금이 나오면, 손해를 볼 수도 있다. '소득 활동 국민연금 연계 감액제도'라는 것이 있는데, 본인의 근로·사업 소득 등이 일정 금액(2024년 기준 월 299만 원)을 넘어가면 연금을 감액한다. 따라서, 소득 활동 기간에는 국민연금을 연기해 놓으면 감액으로 손해 보는 일도 없고, 70세부터 연금액은 더 커진다. 혹 필자가 연기연금을 권유한다고 해서 국민연금 재정 아끼려 하는 것

아닌가? 오해하지는 말라. 연기연금 신청자가 늘어나면 국민연금 재정에는 오히려 손해다.

'부양가족연금' 놓치지 말자!

국민연금 수급자에게 생계를 의존하고 있는 부양가족이 있는 경우, 연금액에 추가하여 지급하는 일종의 '가족수당'이 '부양가족연금'이다. 배우자, 미성년 또는 장애 자녀, 부모가 여기에 해당한다. 사실혼 배우자도 인정된다. 연금액은 배우자가 월 2만 5,020원(연 30만 330원), 부모 및 자녀는 월 1만 6,680원(연 20만 160원)이다. 가족관계증명서 또는 혼인관계증명서 등을 발급받아 국민연금공단 지사에 신청하면 된다.

국민연금 당겨 받으면 손해다!

연기연금과 반대로, 국민연금을 최대 5년 당겨 받을 수 있는 제도가 있는데, 이를 '조기노령연금'이라고 한다. 직장 은퇴 후 소득이 없거나, 소득이 적어 생활 형편이 어려운 경우 기본생활을 보장하려는 취지다. 그런데, 1년 일찍 받을 때마다 연 6%씩(무려 6%다!) 연금액이 깎여 최대 5년 당겨 받으면 30% 감액된 금액으로 받는다.

2023년 말 현재 조기노령연금 수급자가 86만 7,232명으로 전체 노령연금 수급자의 15.6%를 차지하고 있다. 최근 조기노령연금 수급자가 급증하고 있다. 2023년 중 조기노령연금 신규 수급자가 11만 2,031명으로, 전년의 5만 9,314명 대비 89%나 증가했다.*

국민연금 수급 개시 연령이 62 → 63세로 1년 연장됨에 따라 '소득 크레바스' 기간이 확대된 것이 가장 큰 영향을 미쳤고, 실업 등 생활의 어려움, 그리고 빨리 받는 것이 경제적으로 유리하다고 생각한 점 등도 급증 사유로 꼽혔다고 한다.

조기노령연금은 신청 당시의 본인 소득(사업·근로소득)이 일정 금액(3년간 국민연금 전체 가입자 평균 소득월액: A값)을 초과하면 신청할 수 없다.

조기연금을 받던 도중 사정이 나아지면 중간에 중단할 수도 있다. 정부는 국민연금법을 개정해 2017년 9월부터 조기노령연금 수급을 자진해서 끊고 '자발적 신청'을 할 경우 국민연금 가입 기간을 다시 늘릴 수 있도록 허용했다.

---

* 2024년 3월 22일자 동아일보, '손해 봐도 미리 타자' 국민연금 조기 수급 급증, 2024년 8월 13일자 서울경제, '은퇴 후 소득 크레바스, 조기연금 신규 수급자 역대 최대'

06

유족연금과 장애연금

**유족연금 본인 것 포기해야 하는 경우가 있다.
빨리 개선하자!**

국민연금 가입자 또는 가입자였던 사람이나 수급자가 사망하면 이들에 의존해 온 유족에게 유족연금을 지급한다. 배우자가 빚을 남긴 사정으로 상속을 포기해도 유족연금은 나온다. 이걸 받았다고 해서 채권자에게 소송당할 걱정은 안 해도 된다. 상속재산으로 보지 않기 때문이다.

유족연금은 55세 이전에 수급권이 발생하면 3년간 받고, 이후 정지됐다가 60세에 재개된다. 사망자의 가입 기간에 따라 기본연금액(20년 가입 기준)의 40~60%까지 차등해서 지급한다(10년 미만 40%, 10~20년 미만 50%, 20년 이상 60%). 공무원, 사립학교 교원 및 군인 연금제도에서는 가입 기간에 상관없이 배우자 연금의 60%를 지급한다.

현재 유족연금 수급자는 102만 7,000명에 이르고(2024년 9월 기준), 여성이 91%이며, 평균 연금액은 36만 1,000원이다. 1인 가구 최저생계비(기준 중위소득의 30%인 64만 1,684원)의 56.3% 수준에 그치고 있다.

유족연금과 본인의 노령연금 수급권이 동시에 발생하는 경우가 종종 있다. 이 경우 '중복급여 조정장치'에 따라 하나만을 선택해야 한다. 두 가지 선택이 있는데, 먼저 배우자 국민연금을 유족연금으로 받는 것이다.

그런데, 이걸 선택하면 본인 몫의 국민연금이 한 푼도 나오지 않는다는 것이 문제다. 국민연금공단 민원 창구에서 사회보장제도의 취지를 아무리 설명해도 이해하기 어렵다는 반응이다. 공무원연금제도 등에서는 본인 몫을 전액 지급한다. 이 제도는 빨리 개선할 필요가 있다. 적어도 여성의 국민연금 수급권이 남성에 비해 현저하게 부족한 현실을 감안한다면 말이다. 유족연금을 가입 기간에 따라 40~60%로 차등 지급하는 것도 공무원연금과 마찬가지로 60%로 통일해서 지급하는 것이 맞다.

다른 하나는 본인 몫의 국민연금을 선택하는 것이다. 이 경우에는 유족연금의 30%를 합산한다. 공무원연금제도 등은 50%를 합산한다. 이것도 공무원연금 등과 동일하게 50%로 상향 지급해야 한다.

장애연금 지급률 높이자!

장애연금은 국민연금 가입자가 가입 기간 중 사고 등으로 장애가 생겼을 때 지급한다. '장애 정도'에 따라 차등하여(1~3급 책정 금액의 100~60%, 4급은 일시금) 지급하는데, 이를 '소득대체율' 개념으로 환산하면, 장애 3급이 12%, 2급 16%, 1급은 20% 수준이다. 너무 낮다. 현재 장애연금 수급자는 6만 9천 명이고('24년 9월 기준), 평균 연금액은 52만 5,481원이다.

국제노동기구(ILO)는 장애연금도 소득대체율 40%를 최저 기준으로 삼아 그 이상을 지급해야 한다고 권고하고 있다.

제3장

기초연금 · 퇴직연금 · 개인연금 및 주택연금 활용법

01

기초연금

국민연금과 함께 노후생활의 중요한 버팀목!

    65세 이상 노인 중 하위 70%를 대상으로 무상으로(no contribution) 연금을 지급하는 제도가 '기초연금제도'다. 올해부터는 1960년생이 기초연금을 받기 시작한다. 기초연금의 재원은 일반재정이다('25년 예산 26조 1,000억 원). 기초연금 수급자 수가 해마다 급증하고 있는데, 2014년에 435만 명이었던 것이 금년에 736만 명으로 301만 명이나 늘었다. 2050년에는 1,330만 명까지 확대되고, 소요 예산도 125조 원에 이를 것으로 전망된다.

    기초연금액도 2014년에는 월 20만 원이었는데, 2025년 현재 단독가구 월 34만 2,510원, 부부가구 월 54만 8,000원까지 올랐다. 이 정도 금액은 국민연금에 10년 이상 가입해야 받을 수 있는 금액이다. 국민연금과 함께 기초연금이 노후생활의 중요한 버팀목이 되고 있다.

'신청주의'로 운영되고 있고, 소급해서 주지는 않으므로 늦게 신청하면 그만큼 손해를 본다. 신청은 본인 생일이 속한 달의 한 달 전부터 신청할 수 있다. 시·군·구청과 국민연금공단에서 사전에 신청 안내를 하고 있으나, 본인이 미리 챙겨서 나쁠 건 없다.

기초연금을 받으려면 '소득인정액(소득과 재산을 소득으로 환산한 금액)' 기준에 해당해야 하는데, 단독가구가 월 228만 원 이하이고, 부부가구는 월 364만 8,000원 이하이다(2025년 기준). 얼핏 이것만 보면, 웬만한 사람들은 기초연금에서 제외될 것으로 생각될 수 있으나, 다음 사례를 참고하여, 본인에게 직접 대입해 보고, 애매하면 시·군·구청 등에 미리 상담할 필요가 있다.

둘 다 서울에 거주하는 노인 부부의 사례이다.

A 사례	공시지가 기준으로 7억 원 아파트, 은행 예금으로 2,000만 원 보유 및 월 300만 원 근로소득이 있는 경우
B 사례	시가 기준 3억 원 아파트, 외제 승용차 보유 및 국민연금 월 100만 원과 근로소득 월 350만 원이 있는 경우

둘 다 기초연금을 받을 수 있다. 이 중 B 사례를 가지고 어떻게

지원 대상이 되는지 확인해 보자. 아파트는 공시지가로 계산하는데, 시가 3억 원은 공시지가로 대략 60%, 1억 8천만 원이고 대도시 재산 공제금액 1억 3,500만 원을 제하면 4,500만 원이 된다. 재산의 소득 환산율 4%를 곱해 연 180만 원, 다시 12개월로 나누어 월 15만 원이 재산의 소득환산액이다.

국민연금 소득은 공제가 없으므로 월 100만 원을 모두 반영하고, 근로소득은 350만 원 중에서 111만 원을 우선 공제 후, 추가로 30%를 또 공제하기 때문에 월 167만 3천 원이 근로소득 평가액이 된다. 재산 환산액(15만 원)+국민연금(100만 원)+근로소득 평가액(167만 3천 원)을 모두 합해 이 부부의 최종 '소득인정액'이 282만 3천 원이 되므로 기초연금을 받을 수 있다. 외제 승용차는 과거에는 기초연금 제외 사유였으나, 2024년부터는 소득인정액 요건만 충족한다면 더 이상 제외 사유로 삼지 않는다.*

국민연금 연계 기초연금 감액제도

기초연금과 관련하여 하나 더 알아둘 필요가 있는 것이 '국민연금 연계 기초연금 감액제도'이다. 국민연금을 받는 사람에 대해서는 받는 국민연금액이 기초연금액의 150%(50만 2,215원)를 초과하

---

* 4천만 원 미만 차량은 일반재산의 소득환산율(연 4%)을 적용하지만, 4천만 원 이상 차량은 가액 전액을 재산소득으로 산정하므로 기초연금에서 탈락될 수 있다. 특히, 전기 자동차의 경우 대부분 4천만 원을 초과하므로 유의해야 한다. 보조금도 전액 포함하여 계산한다.

는 경우, 기초연금을 다 주지 않고 일부를 감액하여 지급하는 것이다.

예를 들어 국민연금으로 월 100만 원을 받는 단독가구는 16만 5,930원을 공제하고 월 16만 8,880원을 지급한다. 단, 국민연금액이 아무리 많아도 기초연금액의 1/2, 즉 16만 7,400원까지는 지급한다. 이 제도로 인해 기초연금이 깎인 노인이 2023년에 약 60만 명에 달했다. 1인당 평균 감액 금액은 8만 3,226원이었다.

<단독가구 기초연금 감액> (단위 : 원, 2024년 기준)

국민연금액	50만	55만	60만	70만	80만	90만	100만	110만
기초연금액	334,810	318,880	302,210	268,880	235,540	202,210	168,880	167,400
감액금액	-	15,930	32,600	65,930	99,270	132,600	165,930	167,410

* A 급여액은 국민연금액의 50%로 산정

<부부가구 기초연금 감액> (단위 : 원)

국민연금액	100만	110만	120만	130만	150만	180만	200만	210만
기초연금액	535,680	510,200	483,520	456,860	403,520	321,520	270,200	267,840
감액금액	-	25,480	52,150	78,820	132,160	212,160	265,480	267,840

* 부부 감액 20% 적용, A 급여액 국민연금액의 50%

가끔 어떤 분들은 이러한 감액제도 때문에, 즉 기초연금 덜 깎이려고 국민연금 가입을 기피하는 경우가 있는데, 작은 꾀에 빠지는 어리석은 짓이다. 국민연금은 그 자체로 낸 것 대비 많이 받는 제도이므로 국민연금을 최대한으로 받는 것이 무조건 이익이고, 기초연금은 기초연금대로 놓치지 않고 제대로 받는 것이 현명하다.

연금 전문가들은 국민연금을 받는다는 이유로 기초연금을 깎는 것은 국민연금 성실 납부자에게 불이익을 주고, 장기 가입을 가로막는 요인으로 작용할 수 있어 폐지할 것을 정부에 권고하고 있다.

한 가지 문제가 더 있는데, 기초연금 선정 기준인 '소득인정액' 산정 방식과 관련하여, 근로 및 사업소득은 공제를 많이(50% 이상) 해주는 데 비해, 국민연금은 한 푼도 공제하지 않고 100%를 반영하는 점이다. 예를 들어 같은 150만 원 소득이라도, 근로소득은 70만 원 정도만 반영하고, 국민연금 소득은 150만 원을 모두 반영하고 있는데, 이는 노후에 힘들어도 계속 일을 하라는 메시지로 잘못 해석될 수 있다. 젊었을 때 성실하게 국민연금을 납부했는데, 기초연금 받는 데에서 상대적으로 불이익을 받는 느낌이라는 것이다.

뒤에 다시 나오지만, 건강보험료를 부과하는 기준에서도 국민연금이 불리하게 작용하는 측면이 있다. 필자 생각으로는 이번에 국민연금 개혁을 하면서 이런 것들도 함께 개선되었으면 하는 바람이다. 우리나라 노후생활 보장의 중심은 어디까지나 국민연금이고, 국민연금을 현재보다 강화하는 것이 이번 연금개혁의 핵심이기 때문이다.

02

퇴직연금(IRP)

DB형 vs DC형

근로기준법에 따라 근로자가 1년 이상 일하면 1년에 1개월 치 월급에 해당하는 금액을 퇴직급여로 준다. 과거에는 '퇴직 일시금'으로 지급했다. 그러다가 회사가 어려워지면 영 못 받을 수 있어서 근로자가 불안했고, 퇴직금 분쟁소송도 많았다.

퇴직급여는 DB형과 DC형으로 나뉘는데, DB형은 회사가 사내에 적립했다가 퇴직 시 '퇴직 전 3개월 평균 임금에 재직 연수를 곱한 금액'을 주고, DC형은 월급의 8.33%에 해당하는 금액을 근로자가 미리 지정해 준 IRP 계좌에 회사가 입금해 주고 근로자가 알아서 굴려야 한다.

DB형은 다니는 회사가 안정적이고, 재직 연수가 길며, 호봉제 등으로 임금 상승률이 높은 경우에 유리하고(다만, 임금 피크제에 걸리면 손해 볼 수 있다), DC형은 회사가 불안해 혹 못 받을지 모르겠다 하는 경우 유리하다.

퇴직연금은 55세 이후부터 국민연금이 나오기 시작하는 65세 사이에 현금 흐름(소득) 공백에 대처하도록 하는 데 목적이 있으므로 정부에서는 가능한 한 연금으로 받을 수 있도록 많은 노력을 기울이고 있다.

2022년부터 DB, DC형 모두 IRP로 의무적으로 이전(DB형은 퇴직 시점에)하도록 했고(예외 : 퇴직급여 300만 원 이하 등), 나중에 10년 이상 연금으로 수령하는 경우에는 연금소득세(5.5~3.3%)의 30% 정도를 깎아주는 절세 혜택을 부여하고 있다. 직장을 옮겨도 미리 지정해 둔 IRP에 계속 적립된다. 2022년 현재 퇴직연금 가입자는 총 740만 6천 명이다(통계청).

퇴직연금 세액공제 놓치지 말자!

매년 연말정산 시 연 900만 원까지 최대 16.5%(연 소득 5,500만 원 이하)를 세액공제(최대 148만 5천 원) 환급금으로 돌려주고 있다. 이렇게 하면 '과세 이연 효과'가 있는 데다, 퇴직연금 원금+세액공제까지 합쳐 매년 복리로 쌓이기 때문에 근로자에게 매우 유리하다. 국가가 특별한 정책적 배려를 하는 것이다. 얼마 전에는 '디폴트 옵션'까지 도입했다. 본인이 별도로 운용 지시를 하지 않아도 수시 입출금 계좌 같은 곳에 그냥 방치하지 못하도록 한 것이다.

<퇴직연금과 퇴직금 제도 비교>   (기준 : 2023년 현재)

구분 \ 형태	퇴직금	퇴직연금 DB	퇴직연금 DC	퇴직연금 기업형 IRP	퇴직연금 개인형 IRP
보험료 납부 기준	사용자 부담(연간 임금 총액의 1/12 이상)				연 한도 1,800만 원 (연금저축 포함)
담보대출, 중도인출	중간 정산 가능	- 담보대출 (DC와 동일) - 중도인출 불가능	- 담보대출(적립금의 50%, 단 주택 구입, 장기요양, 파산, 천재지변 등에 한함) - 중도인출 가능		
연금수령 조건	퇴직 시	55세 이상, 가입 기간 10년 이상, 지급 기간 5년 이상			좌동 (단, 가입 기간 조건 없음)
급여 수준	퇴직 전 3개월 평균 임금×근속연수	운용 결과에 따라 변동 : 사용자 부담금+운용 손익			
과세체계		- 퇴직연금 계좌 대상 아님	- 사용자 부담액은 연금소득 시 분리과세(종합소득 과세 대상 아님) - 추가납입액은 퇴직연금 계좌로 관리(연금소득은 종합소득과세)		- 퇴직연금 계좌 관리 (연금소득은 종합소득과세 혹은 분리소득과세)
특징	사내 적립 (기업 파산 시 회수 어려움)	사외 적립(금융기관에 적립하여 운용, 기업 파산에 대한 부담 없음)			

* 자료 : 고용노동부/금감원 등 퇴직연금 관련 내용(법령 포함)

퇴직금 중간에 찾지 말기!

퇴직연금과 관련하여 반드시 지켜야 할 일은 웬만한 일이 생기지 않는 한 퇴직금은 중간에 찾아 쓰는 일이 없도록 자제하는 것이다. 퇴직연금 계좌 중 연금으로 수령한 비율이 2021년에 4.3%에 불과하다. 이렇게 미래를 위한 곶감을 당겨 써버린 결과 '복리효과'를 얻지 못하는 것이다. 적립금이 소액인 경우가 대부분인데, 이 상태에서 연금을 선택하면 연금 액수도 적고 절세 혜택도 크지 않기 때문에 대부분 일시에 현금으로 찾는 것이다.

그런데, 계좌 수가 아니라 적립금을 기준으로 하면 연금 수령 비율이 크게 상승한다. 연금 수령 요건을 갖춘 계좌에서 연금 수령 비중은 2016년 20.3%에서 2021년 34.3%로 꾸준히 상승하고 있다 (동아일보, 2023. 7. 24. 김동엽의 금퇴 이야기 중).

근로자들의 평소 '무관심'도 문제다. 본인 계좌에 얼마씩 적립되고 있는지, 운용 수익률은 괜찮은지, 나중에 연금으로 받으면 얼마나 나올지 등에 대해 거의 신경을 쓰지 않는다.

2023년 말 현재 퇴직연금의 적립금 규모는 382조 4천억 원인데, 대부분이 원리금 보장형이다(87.2%, 333조 3천억 원). 최근 5년간 (2019~2023년) 연 환산 수익률도 2.35%에 불과해 같은 기간의 국민연금기금의 평균 수익률 7.20%에 한참 못 미친다. 2022년 1월 이후부터 10인 미만 사업장도 퇴직연금 도입이 되었지만, 아직은 제재 없이 자율적으로 운영되고 있다.

미국 근로자들은 대부분 401K(퇴직연금)에 가입하고 있다. 미국 주식에 적립식으로 장기간 투자하는 방식인데, 월 250만 원 정도를 퇴직연금으로 받는다. 우리나라 퇴직연금과 차이가 나는 원인은 두 가지다.

① 미국 주식시장 수익률이 우리나라 주식시장보다 높다는 것이 하나이고, ② 근로자들이 중간에 해지하지 않고 장기간 적립식으로 투자하기 때문에 복리 효과를 제대로 누리기 때문이다.

호주의 근로자들도 월 450호주달러(약 41만 원) 이상 소득이면 '슈퍼 애뉴에이션'에 의무적으로 가입해야 한다. 호주 퇴직연금의 10년('13~'22년) 연평균 수익률은 6.72%에 달해 우리나라의 같은 기간 수익률 2.07%의 세 배가 넘는다.

03
개인연금저축

월 25만 원씩 20년 불입하면,

원금 6,000만 원 vs 혜택 9,390만 원

개인연금의 종류에는 연금저축(세제 적격)과 연금보험(세제 비적격)이 있다. 연금저축은 주로 연말정산 시 환급을 목적으로 가입하는 경우가 많으며, 연금보험은 납입 시 세제 혜택이 없는 대신, 연금 수령 시 비과세다.

<연금저축(세제 적격)과 연금보험(세제 비적격)>

구분	연금저축	연금보험
납입단계 세제혜택	연간 600만 원 한도 내 (IRP 포함 시 900만 원)	×
수령단계 세제혜택	저율의 연금소득세 부과	이자소득세 비과세
요건	• 55세 이후 인출개시 • 가입일로부터 5년 경과 후 인출 • 10년 이상 분할 인출	• [일시납] 총 납입액 1억 원 이하+10년 이상 유지 • [월납] 월 150만 원 이하+5년 이상 납입+10년 이상 유지 • [종신연금] 55세 이후 종신 수령 외 별도 요건 없음

2022년 말 현재 개인연금 총 적립금은 385조 8천억 원에 이르고 있는데, 이 중 연금저축이 159조 6천억 원이고, 연금보험이 226조 2천억 원을 차지하고 있다. 개인연금의 연평균 수령액은 연 293만 원으로 월 연금액이 24만 원 내외다.

연금 수령 기간은 5년 이내가 46%로 가장 많고, 5~10년 40%, 10~20년 11.7% 및 20년 초과가 2.3%이다. 개인연금저축도 퇴직연금과 마찬가지로 매년 연말정산 시 세액공제 및 장기간 적립식 투자에 따른 복리효과 등 혜택을 누릴 수 있다.

* 실제 사례 : 매달 25만 원씩 연 300만 원, 20년 적립(납부 총액 6,000만 원)하고, 매년 49만 5천 원 세금 환급금(49.5만 원×20년=990만 원) 및 20년 기간 월 35만 원의 연금 수령(연금 총액 8,400만 원)

개인연금저축은 2022년도 중 한 해 신규 계약이 45만 5천 건에 이르지만, 중도 해지하는 계약도 연간 22만 5천 건에 이른다. 금융감독원의 개인연금저축 운용 현황 분석 결과에 따르면, 2021년 기준으로 총 가입자는 689만 명, 총 계약 건수는 873만 건이다.

04

주택연금

남으면 자녀 상속, 모자라면 국가 부담!

　주택연금제도는 2007년부터 시행됐는데, 2023년 11월 기준 9만 3천 가구가 가입해 있다. 주택연금은 현재 사는 집에서 주거가 보장되는 동시에, 주택연금을 받다가 그 합산 금액이 주택 가치보다 더 많은 연금액을 수령해도 부채에 대한 부담이 전혀 없다(2023. 7. 24. 한국경제신문).

　주택을 주택금융공사에 담보로 제공하고 내 집에 계속 거주하면서 평생 연금을 받기 때문에 월세가 절약되며, 무엇보다 고령에 이사를 해야 하는 번거로움이 없이 편안한 노후를 계속 보낼 수 있다는 것이 가장 큰 장점이다.

우리나라 주택 총 숫자가 약 2천만 가구 정도 되고, 이 중 약 절반이 은퇴세대의 소유일 것으로 추정되는데, 주택연금으로 돈이 나올 만한 주택이 적어도 500만 가구 정도는 될 것이다. 그렇다면, 현재 주택연금 가입 규모는 2% 정도밖에 되지 않는다. 은퇴 후 소득원으로써 주택연금 활용도가 아직 미미한 수준에 머물러 있는 것이다.

앞으로 주택연금이 활성화되면 노인들은 자녀에게 노후를 의존할 필요가 없이 편안하게 생활할 수 있고, 자녀들은 자녀들대로 국민연금이나 퇴직연금, 개인연금저축 등으로 준비할 테니 이들에게 군이 아파트를 물려주어야 할 부담감도 줄어들 것이다.

70세 이후 평생 월 121만 원

주택연금 수령액은 월평균 121만 원이며(최고 연금액 월 622만 원), 공동주택(아파트)이 84%를 차지하고 있다. 주택연금으로 65세부터 평생 월 100만 원 정도 받기 위해서는 주택 시세 기준으로 4억 원 정도가 필요하다(65세부터 수령 시 1억 원당 월 24~5만 원 수준). 「주택금융공사」는 주택연금의 특징으로 다음 세 가지를 홍보하고 있다.

△내 집에서, 평생 동안 월급처럼 받습니다.
△가입자 사망 시 배우자도 같은 금액을 이어받을 수 있습니다.

△남으면 자녀 상속, 모자라면 국가가 부담합니다.

주택연금 가입은 부부 중 1명이 만 55세 이상이어야 하고, 공시가격 12억 원 이하의 주택이 대상이다. 수급 개시연령은 70세가 가장 많으며, 수령 기간은 평생 받는 방식과 일정 기간을 정해 받는 방식 중 선택 가능하지만 대부분 평생 수령을 선택한다고 한다.

2021년 6월부터 기존의 '저당권 방식'에 더해 '신탁 방식'이 추가로 시행되고 있다. 이 방식의 좋은 점은 가입자가 사망할 경우 배우자 등 미리 지정해 둔 사람에게 주택연금이 자동 승계된다는 점이다(저당권 방식에서는 가입자 사망 시 민법상 유류분 조항으로 가족 간 분쟁 발생 소지).

신규 가입자 중 약 40%가 신탁 방식을 선택한다고 한다. 주택연금 가입 가능 주택 유형은 아파트·단독주택 외에도 다가구·다세대·연립주택이 모두 가능하며, 주거 목적 오피스텔, 주택 면적이 1/2 이상인 복합용도주택 및 노인복지주택도 가능하다. 중도 해지할 경우 해지일로부터 3년 이내 동일 주택을 담보로 재가입할 수 없으나, 동일 주택이 아닌 경우에는 재가입이 가능하다.

주택연금은 가입 시 결정된 연금액에 따라 지급되며, 국민연금처럼 수급 개시 이후 물가상승률을 반영하지 않는다. 주택연금에 가입하면 기초연금을 받는 데 유리하다. 주택연금은 모두 부채로 인정되기 때문이다.

제4장

연금과 세금, 건강보험료, 압류 방지까지

국민연금 연 1,500만 원 받으면, 소득세 35만 6천 원 낸다

먼저, '연금소득세' 문제다. 국민연금 등 공적연금(공무원·군인·사학연금 포함)은 기본적으로 '종합과세' 대상이고, 개인연금저축 또는 퇴직연금(IRP) 등 사적연금은 연간 연금액이 1,500만 원을 넘지 않는 이상, 종합과세 대상에서 제외되어 '분류 과세'한다. 기초연금도 공적연금의 하나이지만 연금소득세 부과 대상이 아니며, 주택연금은 일종의 담보대출이어서 대상이 아니다.

국민연금은 65세가 되어 노령연금 개시 신청을 할 때 공단에 '연금소득자 소득·세액공제 신고서'를 함께 제출하는데, 공단은 이를 기초로 소득세를 산출, 원천징수 후 연금을 지급한다.

국민연금 중 장애·유족연금에 대해서는 연금소득세를 면제하고 있고, '임의가입자로 가입한 기간'에 대해서도 면제한다. 이는 임의가입 기간에는 '소득공제'를 받은 부분도 없기 때문이다.

실제로 국민연금에 대해 연금소득세가 얼마나 나오는지 연금액별로 산출해 보면, 연간 연금액이 770만 원 이하인 경우 기본 연금 소득 공제(504만 원)에다 본인 인적공제(150만 원) 및 표준 세액공제(7만 원)를 순차적으로 적용해 최종 납부하는 소득세는 0원이 된다. 연간 연금액이 1천만 원이면 연간 세금이 11만 원 정도 되고, 1,500만 원은 35만 6천 원, 2,000만 원은 62만 6천 원 정도가 되므로 큰 부담이 되지는 않는다.

국민연금 이외에 다른 소득이 없으면 이것으로 과세가 종결되지만, 근로·사업·이자·배당·임대소득 등 다른 종합과세 대상소득이 있는 사람은 5월에 종합소득세 신고를 할 때 국민연금 소득을 합산하여 신고해야 한다. 이에 비해, 사적연금은 연간 1,500만 원까지는 5.5~3.3%(70세 미만 5.5%, 70세 이상 4.4%, 80세 이상 3.3%) 저율의 소득세율을 적용한다.

개인연금저축이나 퇴직연금(IRP 등) 모두 연간 연금소득이 1,500만 원이 넘는 경우 다른 소득(이자·배당소득, 근로·사업소득 등)과 합산하여 연금소득 전체가 종합과세 대상이 된다. 이 경우 종합 과세율이 너무 높은 것으로 나온다면 연금만 따로 분류 과세해 달라고 할 수 있다. 이렇게 하면 연금소득분에 대해서만 16.5%의 세율을 적용한다.

국민연금과 사적연금을 같은 수령액을 놓고 소득세 유불리를 비교하면, 일단 소득세 자체만 보면 국민연금이 더 낫다. 예를 들어 연간 1,200만 원을 똑같이 받는다고 하고, 소득세가 얼마 나오는지 계산해 보면, 국민연금 소득세가 약 12~13만 원 정도가 되고, 사적연금은 66만 원 정도 나온다.

하지만, 국민연금은 연말정산 시 '소득공제'를 받고(근로자 본인 납부액 4.5%, 지역가입자 본인 납부 9% 전액), 사적연금(연금저축계좌, IRP 및 ISA)은 '세액공제'(불입금의 13.2~16.5%)를 받기 때문에 전체적으로 보면 사적연금이 더 유리하다. 거기에다 국민연금은 종합과세 대상이 되기 때문에 다른 소득이 있는 경우에는 국민연금이 더 불리하다. 필자 생각으로는, 정부가 두 제도를 다르게 운영하는 특별한 이유가 없다면, 국민에게 더 유리한 사적연금 방식으로 통일하는 것이 낫다는 생각이다.

마지막으로, 주로 생명보험사에서 취급하고 있는 '연금보험'(변액종신보험 등)은 연금소득세를 내지 않는다. 보험료를 납입하고 있던 기간 동안 세제상 혜택을 받은 것도 없기 때문이다.

국민연금에만 건강보험료 부과는 불합리한 차별이다

"은퇴자에게 건강보험료는 호환마마보다 무섭다!"

연금소득에 대한 건강보험료 부과문제이다. 현재 국민연금 등 공적연금에 대해서는 건강보험료를 부과하지만, 개인연금·퇴직연금과 같은 사적연금에는 건강보험료를 부과하지 않는다. 불합리한 차별이다.

우선, 국민연금 등 공적연금액을 포함한 연간 합산 소득이 2,000만 원이 넘어가면 '건강보험 피부양자 자격'이 박탈된다. 이에 반해, 사적연금은 현재 피부양자 합산 소득에 반영하지 않는다. 또 피부양자 자격이 박탈되면, 건강보험 신분이 '지역 피보험자'로 바뀌게 되는데, 지금껏 피부양자 신분에서 건강보험료 한 푼 내지 않다가, 이제는 가진 재산을 포함하여, 연금·임대소득 등 재산과 소득 전체에 대해 건강보험료를 내야 한다.

국민연금에 대한 건강보험료 부과는 국민연금액에서 50%를 공제하고, 남은 50%에 대해 약 8%의 건강보험료율(노인 장기요양 보험료율 포함)을 적용하여 계산하는데, 예를 들어, 국민연금으로 월 200만 원을 받는 경우 100만 원을 공제하고 남은 100만 원에 대해 8%, 매월 8만 원을 건강보험료에 더한다.

2022년 8월 감사원은 이처럼 국민연금에 대해서만 건강보험료를 부과하는 것은 형평성 차원에서 문제가 있음을 지적하면서, 사적연금에 대해서도 건강보험료를 부과하는 방안을 마련하라는 권고안을 발표한 적이 있다. 하지만, 아직 국민건강보험공단에서는 구체적인 방안을 마련하지 못하고 있다.

금융기관으로부터 자료를 넘겨받아야 하는 현실적 문제도 있고, 이제 겨우 사적연금이 활성화되는 시점에서 지금껏 부과하지 않았던 건강보험료를 부과한다면 사적연금 시장에 찬물을 끼얹는 것이나 다름이 없기 때문이다.

필자 생각은 감사원의 접근 방식과 정반대이다. 사적연금에 건강보험료를 부과할 것이 아니라, 국민연금에 대해 원칙적으로 건강보험료를 부과하지 말자는 것이다.

먼저, 건강보험 피부양자 합산 소득에 국민연금만 반영하는 것부터 개선할 필요가 있다. 국민건강보험 재정 형편상 정히 어렵다면, 국민연금액의 50%만 합산 소득에 반영하는 것은 어떨까 한다.

또, 피부양자에서 지역 피보험자로 변경된 이후, 국민연금에 대해서만 건강보험료를 부과하는 것도 옳지 않다. 사적연금에 대한 부과방안을 마련한 후 국민연금도 같은 조건으로 부과하는 것이 옳다는 생각이다.

국민연금 월 185만 원까지는 국민연금 안심통장으로!

최근 경기침체 등 영향으로 '신용유의자(舊 신용불량자)'가 속출하고 있다고 한다. 이에 따라 통장 압류로 국민연금마저 인출할 수 없는 상황이 생길 수 있는데, 이런 경우에 대비하는 방법이 '국민연금 안심통장'을 만드는 것이다.

국민연금법에는 국민연금에 대해 압류할 수 없다고 분명히 규정하고 있지만, 일반 통장계좌에 국민연금과 다른 돈이 섞일 수 있으므로 현실적으로 국민연금까지 압류될 수 있다. 법원에 '압류명령 취소신청' 등 절차를 통해 구제 가능하지만, 반복적으로 법원에 신청해야 하고, 실제로 돌려받기까지 시간도 꽤 걸리는 번거로움이 있다.

처음 국민연금 수급 개시 신청을 할 때 '국민연금 안심통장'을 만들어 놓으면 월 185만 원까지는 확실하게 보호받을 수 있다. 통장을 만드는 방법도 간단하다. 국민연금공단에서 국민연금 수급을 증명할 수 있는 서류를 발급받아 은행에 발급 신청을 하면 된다.

1부 요약

1부에서는 연금에 대한 기본적 이해를 시작으로, 장수 사회가 도래하고 있으니, '노후 리스크에 대비'해야 하며, 이에 대한 대비는 연금이 최고라는 말을 했다. 그리고, 국민연금이 '안정적 현금흐름', '투자 위험 최소화', '높은 수익비' 및 '물가 변동 리스크에 대한 대비' 등 4대 장점을 다 갖추고 있고, 절대 금액 및 수익비도 국민연금이 가장 크고, 높으므로 국민연금부터 잘 알아보고, 챙길 건 최대한 챙겨야 한다고 조언했다.

또 기초연금부터 주택연금까지 종합적인 연금 설계로 접근한다면 노후 위험이 크게 감소한다는 측면에서 기본적으로 알아야 할 정보와 지식을 최대한 제공하려 했다.

연금의 장점은 '복리효과'인데, '시간'이 필요하다. 한방에 큰 부를 기대하는 사람에게는 적합하지 않고, 인내와 꾸준함이 생명이다. 일찍 시작할수록 커지고, 의무가입도 이 효과를 크게 하는 요소가 된다.

퇴직연금은 가능한 한 깨지 말아야 하고, 나라에서 세제 혜택 등 다양한 지원을 하는 개인연금저축이나 주택연금도 최대한 활용하는 편이 낫다. 이렇게 하면, 국민·퇴직·기초·개인연금저축 및 주택연금까지 5종 세트를 구비할 수 있고, 부부 기준으로 매달 500만 원 이상 '연금 부자'가 되는 것이 그리 어려운 일이 아니다.

국민연금과 퇴직연금을 더 많이 받기를 원하면 직장인은 참고 오래 다니는 게 낫다. 이렇게 하면 노후 대비는 잊어버릴 수 있고, 월급 받으면 내 집 마련 등에 집중할 수 있다. 이렇게 말해도 2030은 가장 중요한 국민연금이 기금 고갈로 한 푼도 받지 못할 수 있는데, 그게 무슨 소용이냐며 항변할 것이다. 그러나, 공적연금을 운영하는 세계 어떤 나라도 그런 일은 역사적으로 없었고, 우리나라도 그렇게 되지 않을 것이다.

2부에서부터 본격적으로 말하겠지만, 국민연금기금이 고갈된다는 것은 국민연금이 보유하고 있는 주식, 부동산 등을 대량으로 처분한다는 이야기인데, 이런 일은 국내 금융시장의 대혼란을 불러오기 때문에 고갈시킬 수도 없다. 따라서 국민연금 개혁은 이루어질 수밖에 없다. 그런데, 국민연금 개혁은 빠르게 할수록 국민, 특히 2030에게 더 이익이 된다. 그리고, 국민연금 개혁을 추진하면, 가성비(수익비)가 줄지 않고, 절대 연금액 수준은 더욱 커진다. 이것이 2부와 3부에서 집중적으로 다룰 주제다.

2030이 생각해야 할 것은 거시적 국민연금 개혁이 미시적 측면의 본인 노후 연금 설계에도 직접적인 영향을 미치기 때문에, 국민연금 개혁에 대해 깊은 관심을 가져야 한다는 점이다.

국민연금 개혁의 성공을 위해 기성세대와 2030이 함께 노력하면 우리 국민의 노후 인생이 보다 안정되고 풍요로워진다. 2030은 국민연금 개혁에 대해 정치권이 알아서 해줄 것으로 생각해선 안 된다. 기금 고갈 위기가 큰 사회적 문제가 된 2003년 이후 20년간 2030의 무관심 속에 국민연금은 2030에게 계속 불리한 방향으로 흘러왔다는 사실을 기억해야 한다.

다시 한번 말하지만, 국민연금은 2030에게 더 중요하다. 기성세대보다 더 오래 살기 때문이다. 2030이 자기 목소리를 내고 강력하게 요구하면 국민연금을 제대로 받을 수 있고, 반대로 어떻게 되겠지 무관심하거나, 정치권에 미루면 못 받을 가능성이 커질 것이다.

국민연금은 모든 국민이 반드시 지켜야 할 생존권이다! "국민연금은 나와 우리, 그리고, 미래세대를 위해 꼭 필요하다는 거!"라고 국민연금공단이 홍보하고 있다. 2030은 '권리 위에 잠자는' 세대가 되어서는 안 된다.

2부

　지금부터 국민연금 개혁을 집중적으로 다룬다. 국민연금 개혁은 무엇을 하자는 것인가? 크게 보면 두 가지 문제를 해결하는 것이다. 첫째가 국민연금의 재정 위기를 극복하자는 것이고, 둘째는 국민연금의 낮은 보장성 문제를 해결하자는 것이다.

　2부에서는 먼저, 현재 국민연금의 현 상황 및 문제점을 집중적으로 진단한다. 연금 재정 위기와 보장성의 위기가 겹쳐 있음을 알 수 있다. 이어서 우리 사회가 이 문제를 해결하기 위해 2년간 어떤 논의를 해왔는지 그 과정을 돌아본다. 2023년 1월 27일 보건복지부가 제5차 국민연금 재정계산 試算 결과를 발표한 이후 최근에 이르기까지 그간 얻어낸 성과는 무엇이고, 부족했던 점은 무엇인지 살펴볼 것이다. 나아가 아직도 전문가들과 정치권 등에서 합의를 이루지 못하고 있는 미해결 쟁점들에 대해 각 입장의 근거와 이유 등을 분석하고, 현실성 있는 대안의 방향을 모색한다. 그런 다음, 국민연금 개혁의 방향 및 국민연금 재정안정화와 소득 보장성 강화를 위한 실천적 해결방안에 대해 자세하게 검토할 것이다.

마지막으로, 몇 가지 구조개혁 방안에 대해서도 현시점에서 이 주제들을 어느 정도 선까지 취급하는 것이 적절한지 검토한다. 이것까지 끝나면 독자들은 국민연금 개혁과 관련된 대부분의 쟁점 및 주제에 대해 어느 정도 파악할 수 있고, 개혁의 전체적인 방향성을 그려낼 수 있을 것이다.

제1장

국민연금의 미래

01

인구 위기와 국민연금

"출생 인구 : 1970년 100만 명 → 2000년 50만 명
→ 2022년 25만 명"

"노인 인구 비율 : 20%(2025년) → 40%(2050년)"

"합계 출산율 : 0.7명"

인구 위기가 국민연금 재정 위기의 핵심 원인

공적연금은 인구문제와 밀접한 관련이 있다. 사적연금과 달리 공적연금은 '세대 간 부양(후세대가 앞세대 연금 지급을 위해 비용을 부담)'에 의존한다. 인구가 안정된 국가에서는 내는 보험료와 받는 연금액의 비율만 적절하게 조절하면 되지만, 인구 구조가 불안정하고, 변화 속도가 빠른 국가는 이것만 가지고는 재정문제를 해결하지 못한다.

우리나라는 2070년대 중반에 이르러 인구 위기가 가장 심해진다. 이때까지만 보면 국민연금은 정말 답이 나오지 않는다.

인구 보너스 期

대부분 국가가 인구 성장기에 공적연금을 도입한다. 그리고, 도입할 때 '수지 균형'에 훨씬 못 미칠 정도의 낮은 보험료율로 시작한다. 미국이 1930년대 대공황을 극복하기 위해 루스벨트 대통령이 공적연금제도(OASDI)를 도입했는데, 도입 당시 보험료율이 2%대였다(일본 : 6.4%[1942년], 캐나다 : 3.6%[1966년]).

이렇게 해도 괜찮은 이유는 후세대 인구가 계속 받쳐줬기 때문이다. 연금 받는 사람은 적은데, 보험료 내는 사람이 훨씬 많았고, 또 계속 늘어났기 때문이다. 소위 '인구 보너스 期'이다.

1988년에 우리나라가 국민연금제도를 시작할 때 '저부담-고급여'(3% 보험료율-70% 소득대체율)로 시작했는데, 이런 측면도 고려한 것이다.

25만 명 인구가 100만 명 인구의 노후를 책임질 수 있을까?

2000년대에 접어들면서 상황이 빠르게 변했다. 출산율이 크게 떨어졌고, 반대로 평균 수명은 빠르게 늘었다. 정말 우리나라 인구 변화를 보면 '드라마틱' 그 자체다. 1960년에 2,500만 명이었던 인구가 50년 만인 2010년대 초에 두 배인 5,000만 명을 넘어섰는데, 2023년을 기점으로 총인구가 다시 빠르게 감소하고 있다. 2070년에는 다시 1980년의 상태가 된다고 한다.

[총인구 변화]

2,501만 명(1960년) → 3,812만 명(1980) → 4,701만 명(2000) → 5,184만 명(2020) → 5,006만 명(2040) → 3,718만 명(2070)

이렇게 되면 연금 상황은 완전히 달라진다. '인구 보너스 期'와는 반대로, 연금 받는 사람이 빠르게 늘어나는 데 비해, 보험료 내는 사람은 빠르게 줄어든다.* 동해에서 석유가 쏟아진다면 모르겠지만,** 이제 국민연금 개혁을 빨리하지 않으면 2030과 미래세대가 연금을 제대로 받을 수 없는 것은 자명하다.

---

* 국민연금 수급자 수는 787만 명(2030년)에서 1,504만 명(2070년)으로 두 배로 늘어나고, 가입자 수는 같은 기간에 2,100만 명에서 1,041만 명으로 절반으로 줄어든다.

** 노르웨이 공적연금 지급을 위한 국부펀드(GPFG)의 주요 재원은 '북해유전'으로부터 나오는 원유 판매수입이다.

우리나라가 더 문제인 이유는 이 속도가 너무 빠르다는 점이다. 올해에 65세 이상 노인 인구 비중이 20%를 넘어 초고령사회로 진입했는데, 불과 25년 후인 2050년에 40%를 넘어선다(통계청 장래인구추계).

출생은 더 심하다. 1970년 한 해에 100만 명이 태어났지만, 30년 만인 2000년에 50만 명, 다시 22년 만인 2022년에 25만 명이 태어났다. 52년 만에 1/4로 줄어든 것이다. 합계 출산율(여성 1명이 평생 낳을 것으로 예상하는 평균 출생아 수)은 2023년에 0.78명이며, 어느 인구학자는 앞으로 0.6명대까지 떨어질 수 있다고 전망했다. 이런 식으로 출생 인구가 감소한 것은 인류 역사상 처음이다.

이러한 인구 변화 속도는 우리나라 경제·사회 전반에 '메가톤급'으로 영향을 미치는데, 그중에서도 가장 크고, 직접적이며, 심각한 문제를 일으키는 것이 '노후 필수 생활비'인 국민연금의 소진 우려다. 공포심을 조장하려는 것이 아니다. 이대로 가면 그렇다는 것이다.

이제부터 본격 시작인 우리나라 인구 감소기는 앞으로 약 50년 동안 이어지며, 우리는 이 50년을 잘 넘어가야 한다. 비유로 말하면, 우리는 지금 '그랜드 캐넌'의 남쪽 절벽 끝에 서 있다.

02
국민연금의 재정 전망

2041년에 적자로 전환, 2056년에 적립 기금 소진

<재정수지전망(2023년 장래인구추계를 반영한 재정 전망)> (단위 : 경상가, 십억 원, %)

연도	적립 기금	수입			지출		수지차	적립 배율	보험 료율	적립 기금 (2023년 불변가격)
		총수입	보험료 수입	투자 수익	총지출	연금급여				
2025	1,166,633	117,944	63,713	54,231	52,602	51,708	65,342	20.9	9.0	1,113,682
2030	1,494,460	141,978	75,740	66,238	81,719	80,637	60,259	17.6	9.0	1,292,142
2035	1,759,936	166,268	87,978	78,290	119,375	118,064	46,893	14.4	9.0	1,378,231
2040	1,881,685	184,327	101,724	82,603	177,256	175,669	7,071	10.6	9.0	1,334,662
2041	1,878,258	186,382	103,806	82,576	189,810	188,161	-3,428	9.9	9.0	1,306,109
2045	1,739,287	189,678	112,302	77,376	245,643	243,722	-55,964	7.3	9.0	1,117,364
2050	1,207,514	180,091	124,146	55,945	321,188	318,867	-141,097	4.2	9.0	702,611
2055	190,592	148,195	134,331	13,864	398,132	395,335	-249,938	1.1	9.0	100,445
2056	-88,753	136,252	136,252	0	415,597	412,693	-279,345	0.5	9.0	-45,857
2060	-	144,774	144,774	0	491,807	488,440	-347,033	-	9.0	-
2065	-	160,127	160,127	0	594,218	590,172	-434,091	-	9.0	-
2070	-	177,936	177,936	0	689,522	684,673	-511,586	-	9.0	-
2075	-	194,458	194,458	0	785,049	779,240	-590,592	-	9.0	-

2080	-	216,366	216,366	0	896,816	889,865	-680,450	-	9.0	-
2085	-	249,129	249,129	0	997,111	988,813	-747,982	-	9.0	-
2090	-	287,382	287,382	0	1,065,148	1,055,253	-777,766	-	9.0	-
2093	-	310,305	310,305	0	1,101,458	1,090,464	-791,153	-	9.0	-

위의 표에서 보듯이 국민연금 재정은 2041년부터 적자로 돌아서고, 이후 불과 15년 만인 2056년에 적립 기금이 바닥나는 것으로 전망되었다.

국민연금 재정계산은 70년의 기간을 내다본다. 추계 당시 20세인 신규 가입자가 사망 시까지 국민연금 받는 것을 가정한 것이다. 2003년 첫 계산 당시 보험료율은 9%였고, 소득대체율은 60%였다. 이를 그대로 유지할 경우 2036년부터 적자로 돌아서고, 2047년에 기금이 모두 소진된다는 진단이 처음 나왔었다.

2008년의 2차 계산에서는 2044년 적자 전환, 2060년 기금 소진 예정으로 1차에 비해 소진 시기가 13년 늦춰졌다. 2007년에 명목소득대체율을 60 → 40%로 과감하게 낮추는 등 국민연금 개혁을 단행한 효과였다.

2013년 3차 계산은 2차 때와 같은 결과가 나왔고, 2018년 4차 재정계산에서는 다시 2042년 적자 전환, 2057년 기금 소진으로 3차에 비해 각각 2년과 3년이 당겨졌다.

마지막으로 최근 실시한 제5차 재정계산에서 재정 적자와 소진 시기가 또다시 1년씩 당겨졌다.

<1~5차 재정계산 주요 결과>

구분	추계 기간	최대 기금	수지 적자	기금 소진
5차 재정계산 (2023)	2024~2093	2040년(1,882조 원)	2041년	2055년(▷89조 원)
4차 재정계산 (2018)	2019~2088	2041년(1,755조 원)	2042년	2057년(▷47조 원)
3차 재정계산 (2013)	2014~2083	2043년(1,778조 원)	2044년	2060년(▷124조 원)
2차 재정계산 (2008)	2009~2078	2043년(2,561조 원)	2044년	2060년(▷281조 원)
1차 재정계산 (2003)	2004~2073	2035년(1,715조 원)	2036년	2047년(▷96조 원)

▲▲

2007년 2차 개혁
소득대체율(60% → 2008년 50% → 2028년 40%) 및 기초노령연금제도 도입

▲▲

| 1차 재정계산 | 2003~2073 | 2035년(1,715조 원) | 2036년 | 2047년(▷96조 원) |

▲▲

1998년 1차 개혁
소득대체율(70% → 60%), 수령연령(60세 → 65세[2033년], 5년마다 1세)

▲▲

1998년 국민연금관리공단 추계 : 2031년 소진

국민연금법 제4조 1항은 "급여 수준과 연금 보험료는 국민연금 재정이 장기적으로 균형을 유지할 수 있도록 조정되어야 한다"라고 명시하고 있다.

국민연금 개혁을 자꾸 미루는 사이에 재정 상황은 점점 악화하고 있다.

가상의 미래 : 보험료 지금보다 두 배, 막대한 국고 투입, 소득대체율 그대로

앞서 숫자만 보면, 국민연금의 '미래 모습'이 잘 그려지지 않을 것이다. 보다 실감나게 국민연금의 미래 모습에 대해 알고 싶다면, 앞서간 다른 공적연금의 '현재 상태'를 보면 참고가 된다.

먼저, 우리나라 공무원연금의 현재 모습이다. 공무원연금(1960년)은 군인연금(1957년)과 함께 우리나라에서 가장 먼저 시행한 공적연금제도이다. 현재 공무원연금 보험료율은 18%이고(국민연금 9%의 2배), 2023년 기준 연금 급여로 약 27조 원을 지출하고 있다. 적립 기금은 미미한 수준이다. 공무원 현직자의 보험료만으로는 퇴직자의 연금 급여 지출에 충당하지 못해 국가가 공무원연금 연간 적자 약 8조 원을 '국가 보전금' 명목으로 메워주고 있다(2025년 기준 연금 지출의 29.8% 비중. 국가가 사용자의 지위에서 보험료의 1/2을 내주는 '국가 부담금'은 별도다). 공무원연금의 지급률(소득대체율)은 대략 소득의 60% 내외 수준(국민연금 40%)*인 것으로 알려져 있다.

~~~~~~~
* 공무원연금 수급자에게는 「기초연금」과 근로자퇴직급여법상 「퇴직금」이 따로 지급되지 않으므로 이를 고려할 때 그리 높은 수준이 아니다. 현재 공무원 퇴직자가 높은 연금을 받는 것은 재직 기간이 길고, 과거의 지급률이 높았기 때문이다.

국민연금 개혁을 하지 않을 경우, 국민연금의 미래는 현재 공무원연금의 모습과 크게 다르지 않을 것 같다. 단순 대입하면 대략 다음과 같을 것이다.

국민연금의 보험료율이 지금보다 두 배 오른다(9 → 18%). 소득대체율은 현행 40% 정도를 유지할 것이다(기초연금과 퇴직연금이 유지되는 것으로 보면, 국민연금과 합쳐 소득대체율이 55~60% 정도 될 것이다). 국민연금 적립 기금은 소진되므로, 투자를 통해 창출되는 기금 수익금은 없을 것이다. 따라서 보험료만으로는 국민연금 지급 재원이 부족하므로 국가가 매년 국민연금 지출 규모의 30% 정도를 '보전금' 명목으로 투입한다. 미래세대가 지금보다 보험료는 두 배 내고, 국가 보전금에 필요한 세금도 낸다.

다음은, 독일 공적연금의 현재 모습이다. 136년의 역사를 지닌 독일 공적연금은 현재 보험료율이 18.6%이고, 기금 적립금은 없고, 국가가 연금 급여 지출의 22.7%를 보전하고 있다(2022년 기준). 소득대체율은 41.5% 수준이다. 현재 우리나라 공무원연금의 모습과 큰 차이가 없다.

지금 국민연금 개혁을 하지 않으면, 국민연금의 미래도 아마 이렇게 될 가능성이 높다. 우리나라 공무원연금과 독일 공적연금은 국민연금이 따라가지 말아야 할 반면교사다.

03
국민연금 재정개혁의 시급성

하루 885억 원

국민연금 개혁이 지지부진하는 사이에 상황은 나빠지고 있다. 정부는 개혁이 하루 지연될 때마다 885억 원, 월 2조 7,000억 원, 연 31조 8천억 원의 적자가 쌓일 것으로 추산하고 있다. 이는 모두 미래세대가 떠안아야 할 빚이다.

KDI는 연금개혁이 5년 늦어지면 약 870조 원의 부담이 증가한다고 밝히기도 했다. 이는 미래 국가재정에 심각한 부담으로 작용해 국내외에서 우리 경제를 위협하는 가장 큰 시한폭탄으로 '국민연금 문제'를 들고 있다. IMF는 한국 경제의 최우선 과제로 연금개혁을 꼽고 있다.

지금 우리나라의 국민연금 문제는, 개혁하지 않고 현행대로 유지할 경우, 2056년경 우리 경제 규모와 자원 동원 능력 등을 고려할 때 도저히 감당하기 어렵다는 점이다.

1970년 이후 태어난 사람들은 모두 불안…

더 큰 문제는 연금 수급의 불안이다. 사실 1969년생(현재 나이 56세)까지는 국민연금 개혁을 하지 않아도 괜찮다. 2056년까지 기금이 남아 있기 때문이다. 그러나, 1970년 이후에 태어난 사람들은 모두 문제가 생긴다. 제5차 국민연금 재정계산 결과를 단순 대입하면, 1970~1979년생은 '마지막 1~9년을 국민연금 없이' 살아야 하고, 1980~1989년생은 '낸 만큼 받지 못하며', 1990년생 이하는 '한 푼도 받을 수 없다'.

실제로는 이렇게 되지 않을 것이다. 그러나, 어떤 일이 벌어질지 아무도 모르는 사이에 우려와 불안만 커지고 있다.

국내 자산시장의 혼란 가능성

또 다른 측면에서 국민연금 위기는 31년 뒤가 아니라 바로 코앞에 닥쳐 있다. 기획재정부는 '중기재정전망'에서 2027년에 국민연금 지출(67조 6천억 원)이 보험료 수입(64조 3,500억 원)을 처음으로 초과할 것으로 전망했다. 만일 이 시나리오가 현실화되면, 국민연금공단은 현재 운용 중인 국내외 주식·채권 중 자산 일부를 현금성 자산으로 처분하는 작업을 시작해야 하고, 이 과정에서 국내 자산시장에 충격을 줄 수도 있다. 국내 주식시장에서 국민연금 發 '밸류 다운'이 발생할 수 있다는 말이다.

또다시 5년 뒤?

"연금개혁 5년 뒤로 또 미루면?"
"5년 손 놓은 새 부담 3.4%P 껑충"
"미래세대에 폭탄"
"수술 미룰수록 종기 커진다."

최근 기사가 아니다! 5년 전 2018년 8월 20일자 한국일보 기사 제목이다. 5년 전에 이미 '종기'였다고 이 기사는 말하고 있다. 이 종기는 지금 어느 정도로 커졌을까?

만일 이번에도 개혁하지 못하고 다시 5년이 지나면, 2028년에 제6차 재정추계를 할 예정이다. 결과는 보나 마나다. 그리고, 그때 가서 내놓을 국민연금 개혁방안은 '더 내고, 더 받는' 개혁은 꿈도 꾸지 못하고, 세대 간 갈등은 거의 '전쟁' 양상으로 벌어질 것이다.

진짜로 국민연금 폐지하고, 국민 각자 낸 돈 청산한 후, '각자도생' 하게 될지도 모르겠다.

04

국민연금의 보장성 수준은 어떤가?

노후 최소생활비도 보장하지 않는 국민연금

국민연금의 재정 위기가 심각한 와중에, 현재 국민연금의 보장성도 낮은 상태다. 국민연금 월 평균액이 66만 원이고, 가입 기간 20년 이상인 경우에도 월 110만 원이어서 1인당 노후 최소생활비 125만 원에 미치지 못한다(단, 기초연금 17만 원(감액연금)을 합하면 최소생활비를 겨우 넘는다).

국제적으로 비교해도 상당히 낮다. OECD가 국가별로 소득대체율을 비교, 발표하는데, 우리나라는 31.2%로 나타나 OECD 국가 평균 42.2%에 비해 11%p 낮은 상태로 나타났다.

구분	한국	OECD 평균	미국	영국	독일	일본	캐나다	프랑스	스웨덴
소득대체율 (%)	31.2	42.2	39.2	21.6	41.5	32.4	38.8	60.2	41.3
보험료율 (%)	9	18.2	10.6	25.8	18.6	18.3	11.9	27.8	17.8

그나마 퇴직연금이라도 제 역할을 해주면 다행이겠는데, 우리나라 퇴직연금은 그 역할과 비중이 아직 미미한 상태다. 공적연금과 퇴직연금을 합쳐 퇴직 전 생활 수준을 어느 정도 유지해 주는지 비교, 연구한 결과가 있는데, 근로세대의 가처분 소득 대비 퇴직세대의 가처분 소득 비율이 OECD 평균은 83.5%인 데 비해, 우리는 57.2%로 나타났다. 또 퇴직세대의 가처분 소득 중 공적연금이 차지하는 비중도 OECD 평균이 66.6%인 데 비해, 우리는 32.2%로 절반밖에 되지 않는다(주은선, 2020, 류재린 외, 2020).*

노인빈곤율, 노인자살률 세계 1위

공적연금이 제 기능을 발휘하지 못하고 있는 사이에, 우리나라 '노인빈곤율'은 40.4%, 세계 1위이다. OECD 평균 14.2% 대비 3배 정도이고, 빈부 격차가 심한 멕시코(19.8%)보다 두 배 이상 높다(2023 Pensions at a Glance, OECD). 노인자살률도 세계 1위다.

---

* 국제기구들의 급여 적절성 기준이 있다. World Bank는 40년 가입 기준 소득대체율 40%(World Bank, 2005), ILO는 30년 가입 기준 소득대체율 최소 45% 보장(ILO, 1967), EC/COE는 단독가구 소득대체율 50%/부부가구 65%(Council of Europe, 1990)를 각각 권고하고 있다. 주은선 외, 2017에서 재인용

'GDP 대비 공적연금 지출' 비율이 OECD 회원국 평균은 9.2%인데 비해 우리나라는 4% 정도에 그친다. 독일이 현재 11% 정도이고, 프랑스는 14%를 지출하고 있다. 그래서 이들 국가는 '노인빈곤율'이 낮게 나온다(프랑스 4.4%, 독일 11.0%).

우리나라에서는 최근 상당한 손해를 무릅쓰면서 국민연금을 일찍 받는 '조기노령연금' 수급자가 67만 4천 명(2020년) → 85만 명(2023년)으로, 3년 만에 약 18만 명 증가했다. 최대 5년을 당겨 받으면 원래 받을 금액의 70%밖에 못 받는데도, '소득 공백기(income crevasse)'를 견디지 못하는 것이다.

70세가 넘어도 일하는 한국 노인

OECD가 2022년을 기준으로 집계한 65세 이상 한국 노인의 경제 활동 참가율은 37.3%로, 2위인 아이슬란드(32.6%)를 제치고 1위를 차지했다고 한다. 또 2020년 기준 65세 이상 노인의 소득 중 공적 이전소득(연금소득 등)이 차지하는 비중은 30.0%로, OECD 평균(57.3%)의 절반 수준에 그치고, 반면에, 노동소득 비중(48.6%)은 OECD 평균(25.5%)보다 높게 나타났다.

공적 이전소득이 부족한 상황에서 노후 생활비 마련을 노동을 통해 보충하는 것이다. 그런데, 우리나라 노인들은 정말 가난한 걸까? 이러한 배경에는 우리나라 가계 자산 중 부동산 비중이 절대적으로 높다는 측면이 존재한다고 전문가들은 지적한다. 통계청의 '가계금융복지조사'에 따르면, 고령 가구의 자산에서 부동산 비중이 80%를 웃돌지만, 금융자산 비중은 16%에 불과하다. 이에 비해, 미국은 38.7%만 부동산이고, 금융자산 비중이 40%를 넘는다.

그런데도 우리나라 노년세대는 부동산을 현금화하지 않고, 자식에게 물려주기 위해 끝까지 보유하려 한다.* 노년세대가 보유하고 있는 총 주택의 숫자가 약 1천만 가구 정도 되는 것으로 추정하는데, 주택연금에 가입한 가구의 숫자가 아직 10만 가구에 불과하다. 본인의 보다 편안한 삶을 포기하면서까지 자식들을 뒷받침하려는 뜻일 것이다. 자식들의 미래도 너무 불투명하므로 이를 뭐라 하기도 어렵다.

결국, 우리나라 국민은 은퇴 후에도 계속 일을 해야 하고, 그럼에도 불구하고 노후소득은 필요 생활비에 미치지 못한다. 대신 소비를 큰 폭으로 줄인다. 이는 개인의 삶의 질이 떨어지는 문제 외에 국민경제 측면에서도 결코 바람직스럽지 못하다.**

---

* 2024년 5월 1일 기획재정부가 '사회이동성 개선방안'을 발표했는데, 기초연금 수급자가 10년 이상 보유한 주택 등을 팔고 그 차액을 연금계좌에 납입할 경우 이자·배당소득세(15.4%)가 아닌 연금소득세(3.3%)로 부과함으로써 양도에 따른 부담을 낮춰주는 방안을 포함했다.

** 저성장이 고착화할 위기 상황에 준비 없이 맞이한 초고령화가 전체 경제 활력을 떨어뜨릴 수 있는 우려가 나온다. 한국은행은 2차 베이비붐 세대의 은퇴에 따라 경제성장률이 2024~2034년 사이에 연 0.38%p 하락할 것으로 추정했다. 2025년 1월 14일자 동아일보

제1장 요약

우리나라 국민연금의 상황은 한마디로 '심각하다!'. '재정이 어느 정도 안정된 상태에서, 보장성에 문제가 있다'가 아니고, '보장성은 어느 정도 되는데, 재정 위기가 문제다'도 아니다. 우리는 '재정이 큰 위기에 직면하고 있는 가운데, 낮은 보장성 수준도 하루빨리 해결해야 한다'이다.

국민연금의 재정문제는 세계 어느 나라도 경험하지 못한 초저출산·초고령화로 인해 보험료 내는 사람과 연금 타는 사람의 격차가 하루가 다르게 커지고 있는 것이 가장 큰 원인이고, 여기에 보험료 수준과 급여 수준의 불균형도 재정 위기를 가속화하고 있다. 보험료율 조정만으로 재정을 안정화하기 위해서는 지금 당장 두 배(9→18%)로 올려야 한다고 한다.

보장성 문제는 노인빈곤율과 노인자살률 세계 1위가 상징적으로 보여준다. 한 해에 100만 명씩 태어난 베이비붐 세대가 충분한 준비가 되지 못한 채로 본격 은퇴세대로 속속 진입함에 따라 거대한 노인빈곤층의 형성까지 우려되고 있다. 선진 외국은 대부분 '초고령사회'에 진입하기 10~30년 전에 공적연금 개혁을 단행했는데, 우리는 준비 없이 이미 초고령사회로 진입했다.

우리나라 국민연금 문제는, 위기의 원인이 중첩적이고, 상태는 심각하며, 해결할 수 있는 시간적 여유도 없다. 하지만, 피한다고 해결될 문제가 아니며, 하루라도 빨리 개혁에 착수해야 한다. 그렇다고, 한꺼번에 문제를 풀겠다고 덤비면 실패 가능성만 커진다. 우리는 과연 답을 찾아낼 수 있을까?

제2장
지난 2년간의 논의과정 개관

국민연금 개혁의 답을 찾기 위해 지난 2년간 정부, 국회, 연금 전문가, 언론 및 시민단체 등이 어떤 쟁점을 가지고 서로 씨름을 했는지 개괄적으로 돌아본다. 현시점 국민연금 개혁을 어떤 방향으로 설정하고, 또 앞으로 개혁을 어떤 방식으로 추진해야 하는지에 대해 많은 시사점을 준다. 국민연금 개혁 논의는 이번이 다섯 번째였고, 2023년 1월 정부가 제5차 재정계산 시산(試算) 결과를 발표하면서부터 시작됐다.

01

제5차 재정계산 발표
(2023년 1월 27일)

2055년에 기금이 소진된다!

국민연금법은 복지부가 매 5년에 3월 말까지 국민연금 재정을 계산하고, 이를 바탕으로 운영 전반에 관한 계획을 세워 같은 해 10월 말까지 국회에 제출하도록 규정하고 있다. 당시 국회에서는 제2기 연금개혁특위가 전년부터 가동되고 있었는데, 4월 말에 곧 종료될 예정인 점을 고려하여 복지부가 계획보다 두 달 앞당겨 1월 27일 시산 결과(재정추계 잠정 결과)를 발표했다.

주된 관심사는 역시 국민연금기금 소진 시점이 언제인가였다. 2013년의 3차 추계(2060년 소진) 이후 4차 추계에서 2057년 소진으로 3년 앞당겨지는 등 추세가 심해지고 있어서 5차 추계는 4차 때

보다 한층 비관적인 결과가 나올 것으로 예상했다.* 다음은 발표된 내용의 요약이다.

"국민연금 2041년 적자 전환, 2055년 기금 소진(→ 연말 再 추계에서 2056년으로 수정됨), '부과방식 비용률' 2060년 29.8%, 2078년엔 35.0%까지 인상. 근로 가능 인구 감소에 따라 국민연금 가입자가 2023년 2,199만 명에서 2093년에는 861만 명으로 크게 줄어들고, 연금 수급자는 527만 명에서 2060년 1,569만 명으로 증가할 것으로 전망"

"이대로 가다간 1990년생부턴 국민연금 한 푼도 못 받아…"가 대표적인 언론의 기사 제목이었다. 추계에 대한 비판도 있었다. 합계 출산율을 1.21명(2046~2070년)으로 가정했는데, 현실을 고려하면 지나치게 낙관적으로 가정했고, 실제 기금 소진은 2055년보다 더 당겨질 수 있다는 것이다.

기금 수익률 전망치 4.5%에 대해 문제를 제기한 언론도 있었다. '보험료 수입 연금 지급액'에 따라 국민연금공단은 곧 보유자산을 처분해야 하는데, 국민연금의 자산 매각이 후폭풍을 불러 '오버행(매물로 쏟아질 수 있는 잠재적인 과잉물량) 이슈'가 자본시장을 덮칠 수

---

* 한국보건사회연구원은 10월에 2024년에 21.33%까지 일시에 12.33%p를 올려야 2093년 말 적립배율 2배라는 재정 목표를 달성할 수 있다고 심각성을 제기하기도 했다.

있다는 것이다. 해외 투자자의 동반 매도를 부르는 등 경쟁적 '셀코리아'로 이어져 국내 주가 급락 등이 우려되고, 연 4.5%로 설정한 '향후 70년 예상 운용 수익률' 전망도 물거품이 돼 국민연금 소진을 더 재촉할 것이라고 경고한 것이다.

1998년 이래 보험료율 조정이 한 번도 이뤄지지 못한 점을 상기시키며, 보험료율 조정이 시급하다고 지적하는 기사가 대다수였다. 지난 정부에서 국민연금 개혁이 추진되지 못한 점을 언급하며, 이번이 미래세대를 위한 연금개혁의 진짜 마지막 기회임을 강조했다. '재정안정론'이 지배하는 분위기였다.

02

국회 2기 연금개혁특위 민간자문위원회
(2023년 2월)

연금 전문가들이 보험료율 15% 인상에 합의했다!

연금 전문가들로 구성된 국회 연금개혁특위 민간자문위원회가 정부의 5차 재정계산 발표 직후에 이틀간 끝장토론까지 벌였으나, 단일(안)을 마련하는 데에는 실패했다. '재정안정론'과 '소득 보장 강화론'이 팽팽하게 맞선 끝에 각각 두 가지 방안이 도출되었는데, A안(재정안정론) 소득대체율 40% 고정-보험료율 15% 인상, 그리고 B안(소득 보장 강화론) 소득대체율 50% 상향-보험료율 15% 인상이었다.

[재정안정론]

기금 소진 시점인 2055년에 '부과방식 비용률'이 26.1%로 나와,

5년 전 대비 1.5%p 상승한 점에 주목. 근본적으로「저부담-고급여」 구조이므로, 보험료율 인상 등을 통해 수지 불균형을 완화하는 것이 시급하다고 강조. 5차 추계 결과가 주는 메시지는 "재정안정화를 위해 더는 국민연금 개혁을 미룰 수 없다"임

[소득 보장 강화론]

기금 소진 시점이 아니라, 'GDP 대비 연금 급여 지출 비율'에 주목. 지나치게 재정 불안만 강조해 적정 노후소득 보장이라는 국민연금 본래 목적을 외면해서는 안 됨. 우리 사회의 재정 여력은 어느 정도 있으며, 기금 소진에 과하게 반응할 일도 아님. 어느 전문가는 기금이 소진되더라도 국가재정을 투입할 수 있으며, 이제는 보험료, 기금운용 수익에 더해 조세 등 국가재정을 포함하는 것도 적극 검토할 시점이라 강조

국회 2기 연금개혁특위의 가장 큰 성과라고 한다면, '보험료율을 단계적으로 15%까지 상향하는 방안에 양측이 합의'한 것이다! 애초 2기 연금개혁특위는 구조개혁 방안에 대해 검토할 것을 주문받았지만, 정작 민간 자문위가 집중한 것은 '모수개혁' 방안이었다. 구조개혁 이야기는 거의 나오지 않았다는 것이 당시 참여자의 전언이다. 어쨌든, 미래세대의 부담 완화를 위한 보험료율 인상에 모두 동의했다. 소득 보장 강화론자들은 과거에 보험료율 인상에 매

우 인색했었는데, 이번에 전향적으로 15% 인상(매년 0.6%p씩 10년간)을 먼저 제안한 것이 가장 눈에 띄었다고 한다.

정치권과 정부가 오히려 놀랐다. 어느 한 특위 관계자가 "15% 인상은 국민의 수용 가능성을 고려하지 않은 전문가들의 관점일 뿐"이라며 진화에 급급했고, 복지부 장관도 '아니다!'라고 방어했다.

다만, 연금 전문가들 사이에 '소득대체율'을 두고 큰 이견을 보인 점이 아쉬웠다. 이는 현재 시점까지도 이어지고 있다. 언론에서는 소득대체율을 45% 또는 50% 인상하는 방안에 대해서는 대체로 부정적인 반응을 보였다. 보험료율 인상의 효과는 금방 나타나지만, 소득대체율 인상의 부정적인 효과는 장기간에 걸쳐 나중에 더 크게 나타나기 때문에 국민연금 재정을 오히려 악화시킨다는 것이다. '단기 모르핀 효과'라는 표현도 등장했다.

2기 연금개혁특위의 성과 중 빼놓을 수 없는 것들이 몇 가지 더 있다. 저출산·고령화로 인한 인구 구조 변화가 국민연금 재정을 악화시키는 가장 큰 요인인 점을 고려하여, 저출생 문제 개선을 위한 국민연금 크레딧 확대 및 정년 연장, 그리고 고령자 고용 환경 개선 등이 제안되었다.

국민연금 가입연령 상한을 현 59세에서 64세까지 단계적으로 높이자는 제안도 비슷한 맥락이다. 이 방안은 양측 모두에서 상당한 지지를 받았다. 한편, 어느 한 전문가가 '자동조정장치 도입'을 제안했는데, 당시에는 주목을 받지 못했으나 10월 말 정부가 '종합운영계획'에 포함함으로써 주위에서 놀랐다고 한다. 이 제안은 2024년 9월 4일 정부 발표 연금개혁 방안에도 그대로 담겼다.

연금특위의 다른 성과라면, '국민 500인 공론화' 제안이다. 여당인 국민의힘에서 먼저 제안했다. 당시 국민의힘 원내대표 겸 국회 연금특위 위원장이었던 주호영 의원은 "국민 500명을 모아 공론화 과정을 거치자는 게 대다수 의견이며, 집단 지성이 발휘되고, 새로운 정책 아이디어 도출도 기대되는 등 하나의 돌파구가 될 수 있다"고 말했다.

03
복지부 산하 「재정계산위원회」 공청회
(2023년 9월 1일)

명목 소득대체율 현행 유지
및 수급연령 68세 연장 발표에 큰 반발!

9월 1일(금) 오전 10시부터 두 시간 반 동안 서울 강남 코엑스에서 공청회가 개최되었다. 김용하 재정계산위원장이 '국민연금제도 개선 방향'에 대해, 그리고, 박영석 기금운용발전위원장이 '기금운용 개선 방향'에 대해 발표하고, 직역 대표, 전문가, 청년, 언론인, 기타 방청객들로 만원을 이루었다.

보건복지부에서도 이기일 제1차관이 직접 참석하여 "정부의 3대 개혁과제인 연금개혁은 미래세대를 위해 반드시 이루어야 하는 시대적 과제"라고 하면서, "정부는 재정계산위원회가 공청회 논의를 거친 최종 자문(안)을 제출하면, 국민 의견 수렴 결과와 국회 특위 논의 내용 등을 종합적으로 검토하여 '국민연금 종합운영계획'을 마련할 것"이라고 밝혔다.

[재정안정화 방안]

연금 보험료율은 12%, 15%, 18% 세 가지 방안을 제시하고, 각각 기금 소진이 8년, 16년, 27년 연장되는 것으로 전망. 기금 투자 수익률 0.5%p 또는 1%p 제고, 연금 지급 개시연령 2033년 이후 매 5년에 1세씩 68세로 연장 등

[노후소득 보장 강화방안]

국민연금 명목 소득대체율은 현행 40% 수준 유지. 「소득 활동에 따른 노령연금」 감액제도 및 유족·장애연금 개선. 국민연금 지급 보장 법제화 및 의무 가입연령 상향 조정. 크레딧 및 보험료 지원 확대 등

이러한 내용에 대해 「공적연금강화국민행동」이 곧바로 재정계산위원회를 규탄(?)하는 기자회견을 열었다. 재정계산위의 구성 자체가 연금 재정을 보험수리적 계산으로만 바라보는 인사를 중심으로 편향되었다고 하면서, 다른 나라들은 재정을 보험료로만 하지 않는데, 윤석열 정부는 국민연금 강화를 위해 국고 지원을 하지 않

으면서, 사적연금 세액공제에는 1조 4천억 원이나 지원하는 등 사적연금 활성화를 꾀하고 있다고 비난했다.

특히, 제안된 개혁방안 중 국민연금 지급 개시연령을 68세로 연장하자는 방안이 큰 반발을 불렀는데, 국민연금공단 일선 지사에서는 항의 민원이 들끓었다. 이후에는 68세 연장방안이 개혁방안에서 사라졌다. 언론에서는 기금 투자 수익률 제고, 국가 지급 보장 법제화, 소득 활동 연계 감액제도 개선 및 크레딧과 보험료 지원제도에 대해 긍정적으로 평가했다.

복지부「국민연금 종합운영계획」발표
(2023년 10월 30일)

「국가 지급 보장」 명문화하겠다!

복지부가 국무회의 심의를 거쳐 국회에 제출한 「국민연금 종합운영계획」의 주요 내용은 다음과 같다.

① 노후소득 보장 강화

구조개혁과 연계한 명목 소득대체율 조정, 저소득층 보험료 지원 확대 등을 통한 수급자의 실질소득 제고, 노령연금 감액폐지 등 급여제도 개편

② 세대 형평 및 국민 신뢰 제고

국가 지급 보장 명문화, 출산 및 군 크레딧 제도 확대, 인구 구조 변화를 고려한 재정 방식('자동안정화장치' 도입 또는 '확정기여 방식' 전

환 등) 논의

③ **재정안정화**

보험료율 인상 및 세대별 보험료율 인상 속도 차등화, 계속 고용과 연계한 수급 개시연령 조정 논의, 국고 지원 확대, 단, 보험료율이 아직 낮은 수준임을 고려하여 직접 재정지원은 신중한 검토

④ **기금운용 개선**

기금 수익률을 1%p 이상 제고하고, 해외 투자 비중을 2028년까지 60% 수준으로 확대, 투자 다변화, 기금운용 인프라 강화 및 기준 포트폴리오 도입 등 자산배분 체계 개선

⑤ **다층노후소득 보장 정립**

기초연금 40만 원으로 단계적 인상, 사적연금 활성화 지원, 다층노후소득 보장 실태 정밀 분석 등

다음은 발표 직후의 기사 제목이다. 대부분 비판 일색이었다.

"국민연금, 숫자 다 뺀 '맹탕'" (SBS Biz)

"미룰 수 없다더니, 예견된 결과" (KBS)

"허무하게 끝난 정부의 시간" (머니투데이)

"文 정부는 숫자라도 있었는데, 연금개혁 추진하면 선거에 불리할 것이란 착각" (조선)

"내부서도 C학점 안 돼, 그런 연금개혁안 더 후퇴시킨 정부" (동아)

"논의조차 안 된 案들 포함, 국민연금 근간 흔드는 것" (국민)

"붕어 없어도 붕어빵 아니냐는 맹탕 연금개혁안" (이투데이)

"연금개혁안에 자문위원 13명 中 1명만 찬성, F학점도 과분" (매경)

"尹 핵심 공약 3대 개혁 지지부진, 골든 타임만 허비" (한경)

"5년 전 '4지 선다', 이번엔 '빈칸', 방향 잃은 연금개혁" (이투데이)

"前 정부보다 후퇴, 무책임, 누가 표 주겠나" (중앙)

"정부와 국회의 연금개혁 핑퐁, 미래세대에 부끄럽지 않나?" (한경)

긍정적이라고 볼 만한 것들을 뽑아보면 다음과 같다.

"국민연금 '지급 보장' 명문화, 출산·군 복무 크레딧도 확대" (뉴시스)

"보험료율 올리되 세대별 인상 속도 차등, 정부 연금개혁 방향성 제시" (서울)

"실질소득 제고, 기금 수익률 1%p 상향 등 추진" (아시아투데이)

"일하는 노인 연금 안 깎고, '연금, 국가가 지급' 법에 명시한다" (중앙)

"저소득 지역가입자 지원, 출산·군 복무 크레딧 확대, 실질 연금소득 높여" (KBS)

"국민연금 수익률 높여야… 해외 투자 2028년까지 60% 확대" (파이낸셜)

"기초연금 40만 원으로 인상, 대상자 축소 없어" (한경)

"정부 '구조개혁 속 기초연금 40만 원 추진', 낸 만큼 받는 '확정기여형'도 논의" (KBS)

이듬해 4월 총선을 앞두고 보험료율 인상에 대한 구체적인 수치를 밝히기에는 부담이 워낙 컸을 것이다. 하지만, 성과도 적지 않았다. 국가 지급 보장 명문화가 청년층으로부터 큰 반향을 불렀고, 기초연금 40만 원 인상도 환영을 받았다.

05
국회 연금개혁특위 「민간자문위원회」
(2023년 11월 16일)

시급한 '모수개혁'부터 추진합시다!

연금 전문가들이 진영을 불문하고 '보험료율 인상'에 대해 또다시 공감대를 이뤘다. 구조개혁과 모수개혁의 관계에 대해서는, 구조개혁까지 한 번에 처리하기에는 너무나 많은 쟁점이 있으므로 구조개혁의 큰 틀을 유지하는 선에서 시급한 모수개혁부터 우선순위를 두어 추진하는 것이 합리적이라는 점을 재확인했다.

소득 보장 강화는 총론에서 모두 찬성했지만, 방법론과 수준에서 대립이 반복되었다. '소득 보장 강화론'은 현재 국민연금의 소득대체율이 낮고, 사적연금의 보완 기능이 제대로 이루어지지 못하기 때문에 '명목 소득대체율'을 인상하여 국민연금의 소득 보장 기능을 강화해야 한다고 했고, '재정안정론'은 명목 소득대체율보다는 '실질 가입 기간'을 늘리는 방법이 타당하다고 했다.

출산·군 복무 등 크레딧 제도 확대에 대해서는 이견이 없었고, 국민연금 '의무 가입 상한연령 59 → 64세로 조정'은 정년 연장이나 고령자 계속 고용 정책 등 노동시장 구조 변화와 같이 가는 장기 추진과제로 재분류했다. 수급 개시연령 68세로의 연장은 '소득 공백' 기간이 너무 커지는 부작용이 있어 전문가 검토 대안에서 아예 제외했다.

구조개혁 방안에 대해서도 논의하기는 했다. 국민연금의 구조를 근본적으로 고치는 문제와 관련하여, 국민연금의 균등 부분과 기초연금을 통합하고, 국민연금의 소득비례 부분을 완전적립 방식으로 바꾸는 방안에 대해 검토했으나, 큰 무게를 두지 않았다. 공무원연금과 통합 또는 연계하는 방안에 대해서는, 공무원연금 적립 기금이 거의 사라진 상태에서 단순 통합을 하게 되면 국민연금 가입자에게 오히려 불리하므로 당분간 각각의 제도를 유지하면서 재정안정화와 형평성을 높이는 것이 낫다는 정도로 결론 내렸다.

민간 자문위 발표 내용에 대한 정부와 정당 반응
[정부]
모수개혁은 기금 고갈 시기만 늦출 뿐 의미가 없으며, 구조개혁

도 같이 봐야 함. 국가 지급 보장 명문화는 개혁 동력 약화 우려도 있어 신중 검토가 필요. '자동안정화 장치의 도입' 논의가 시작돼야 함 등

[국민의힘]

기금 소진 7년 연장은 무의미하며, 국민연금과 기초연금을 합치는 구조개혁 방안에 대해 적극 검토 필요. 구조개혁의 큰 틀을 정하고 모수개혁의 방향을 결정하는 것이 논리적. 다만, 국가가 지급 보장을 한다면서 국고 지원에 대해 소극적이라고 말하면 국민이 받아들이기 어려울 것. 청년세대는 '무조건 하지 말자'가 아니라, 더 내고 더 받을 수만 있다면 기꺼이 하겠다는 응답이 많음을 지적 등

[민주당]

정부와 국민의힘이 연금개혁에 대해 구체적인 계획이 없고, 의지가 있는지조차 의문. 모수개혁의 시급성 및 명목 소득대체율 인상 필요성 재강조 등

[주호영 연금특위 위원장]

향후 국민 500인 공론화 방식을 마련하여 추진할 계획. 정부도 24개 조합 중에서 고르라는 것은 효율성이 떨어지므로 공론화위원회 운영 전에 어느 정도 모수개혁에 대한 의견을 제출할 것을 당

부. 2024년 4월 10일 총선 이전에 국회 연금특위가 결론을 낼 정도로 성숙도를 높여주기를 희망

2023년 국민연금 개혁 논의의 지형을 대략 돌아본다면, 연금 전문가들은 진영 불문하고 대부분 모수개혁에 집중, 보험료율 인상 시급, 다만, 소득대체율 인상에 양측 이견, 이 정도로 요약되고, 민주당은 모수개혁(보험료율 인상에 찬성) 우선 추진 및 소득대체율 50%까지 인상, 그리고, 정부와 국민의힘은 보험료율 인상에 신중 및 구조개혁 병행에 초점 등의 입장이었다.

전반적인 분위기는 정부와 국민의힘이 약간 세가 밀리는 양상이었다. 국정 운영을 책임지는 입장에서 어쩔 수 없는 측면도 있었을 것이나, 정부와 국민의힘이 재정안정을 강조하며 '구조개혁'의 필요성을 주장한 것에 대해 그간 '재정안정'을 강조했던 연금 전문가들조차 '구조개혁'에 대해서는 힘을 실어주지 않았다.

06

「국민 500인 공론화위원회」
(2024년 2월)

'더 내고, 더 받기'가 국민의 뜻!

국민 500인 공론화위원회에서 집단 숙의과정을 거쳐 '소득 보장(1안, 보험료율 13%-소득대체율 50%로 인상)'과 '재정안정(2안, 보험료율 12%-소득대체율 40% 현행 수준 유지)'에 대해 찬반 의견을 물은 결과, 1안(소득 보장)이 56% 지지를 얻어, 2안(재정안정) 42.6%에 비해 13.4%p 높게 나왔다.

30대가 재정안정을 선택(51.4%)한 것이 예외였고, 20대(53.2%), 40대(66.5%), 50대(66.6%)는 소득 보장을 택했다. 국민연금 의무 가입 상한연령을 만 64세로 연장하는 방안에 대해 80.4%의 찬성을 보였고, 국가 지급 보장 명문화 92.1%, 사전적 국고 투입에 대해서도 80.5%가 찬성했다. 국민 대표 500인의 의견은 다음과 같이 해석되었다.

　보험료율 인상의 불가피성에 대해 대다수가 수용하고, 인상폭도 13%까지 수용할 수 있음을 나타냄. 의무 가입 상한연령을 5년이나 연장하는 것에 대해 찬성 비율이 높게 나온 것은, 국민이 보험료를 더 오래 낼 용의까지 있음을 표명. 단, 보험료만 더 내는 것은 불만이며, 소득대체율도 50%로 인상할 것을 요구. 한마디로 '더 많이, 더 오래 내더라도, 더 받고 싶다'는 의견임

　이러한 결과에 대해 정부와 여당은 "향후 논의를 지켜봐야 한다"는 원론적 입장을 나타냈지만, 국민연금 재정이 오히려 악화하는 '1안'이 선택된 것에 대해 다소 당황스럽다는 반응이었다.

　이에 반해, 민주당은 더 내더라도 노후소득 불안 완화를 위해 소득 보장이 중요하다는 국민의 뜻이 확인된 만큼 '1안'을 연내에 국회에서 통과시켜야 한다고 강조했다.

　언론은 1안이 선택된 것에 대해 국민연금 재정이 더욱 악화할 것이라는 우려를 제기했다. "소득대체율을 인상하더라도, 재정 구조가 안정화되는 방향으로 추가조정하지 않으면 개악이다", "연금의 지속 가능성을 외면하는 결과가 나와 안타깝다" 등

공론화위원회는 '퇴직연금의 기금화' 방안에 대해서도 논의했는데, 사용자 단체는 이에 반대하며, 대신 기업의 보험료 인상 부담 완화를 위해 「퇴직금 전환금 제도」를 재도입해 줄 것을 주문했다. 노동자 단체는 기금형 퇴직연금제도 도입 및 국민연금이 퇴직연금 사업자로 참여하는 것에 대해 찬성 의견을 나타냈다(단, 한국노총은 퇴직연금을 무리하게 국민연금에 편입시키려 해서는 안 된다고 반대). 청년 단체는 퇴직연금의 완전한 공적연금화 또는 기금형 퇴직연금제도 확대와 더불어 국민연금의 퇴직연금 사업자 참여, 퇴직연금의 중도인출 제한 등을 주장했다.

공무원연금과 국민연금의 통합에 대해, 사용자 단체는 통합하면 공무원연금 부실이 국민연금에 전가될 우려 및 시기상조 등을 이유로 반대를 했고, 노동자 단체도 공무원연금의 하향 평준화, 교사 단체의 강력한 반발 등을 제기하며 반대했다.

애초에 공론화위원회를 하자고 제안한 쪽은 국민의힘이었으나, 결과는 반대로 흘러갔다. 국민 다수의 뜻이 '더 내고, 더 받는' 개혁임을 확인했기 때문에 소득 보장 강화를 주장해 온 민주당의 입장이 강화되었다. 구조개혁보다는 모수개혁에 우선 집중해야 한다는 것이 다수 의견임을 재확인한 것도 정부와 국민의힘의 입지를 좁혔다.

07
21대 국회 마지막 연금개혁 논의
(2024년 5월)

**보험료율 13%-소득대체율 44% 민주당 제안,
대통령실은 거부…**

4월 10일 총선 결과 여당이 21대보다 더 크게 패배했다. 이러한 변화 속에서도, 국회 연금특위는 국민연금 개혁, 그것도 시급한 모수개혁만큼은 회기를 넘기지 말고 처리하자는 데에 공감하는 분위기였다. 적극성을 띤 쪽은 민주당이었다. 하지만, 국민의힘에서도 실무협의에 적극 나섰고, 정부에서도 모처럼 형성된 개혁 분위기에 큰 기대를 갖고 지원하였다.

하이라이트는 민주당의 이재명 대표가 종전까지 민주당이 일관되게 주장해 왔던 '소득대체율 50% 인상(안)'에서 물러서서 44%까지 양보하겠다고 전격 제안한 순간이었다. 당황한 쪽은 대통령실과 국민의힘이었다. 민주당과의 협상에서 소득대체율을 42~44% 선까지 수용할 수 있음을 내비친 것으로 전해졌기 때문이다. 최종적으로 대통령실과 국민의힘이 '구조개혁 병행'을 내걸며, 이 대표 제안을 거부했다. 언론의 반응은 '혹시나 했더니 역시나…', '실망 그 자체' 등이었다. 보수 언론에서조차 대통령실과 여당이 내건 '구조개혁 병행' 명분이 '핑계'에 불과하다고 혹평했다. 민주당은 말로만 구조개혁 운운하지 말고 '구조개혁의 방향'이라도 내놓으라며 압박의 강도를 높였다.

08

정부의 연금개혁안 발표
(2024년 9월 4일)

**보험료율 13%-소득대체율 42%
및 자동조정장치 도입 제안!**

9월 4일 보건복지부가 '정부의 국민연금 개혁안'을 전격(?) 발표했다.

[국민연금 개혁안]

개혁의 비전으로 '상생의 연금개혁으로 든든한 노후 보장'을 내걸고, ① 지속 가능성 확보(보험료율 9 → 13%, 명목 소득대체율 40 → 42%, 기금 수익률 4.5 → 5.5%+@, 자동조정장치 도입 검토), ② 세대 형평 제고(보험료율 인상 속도 세대별 차등화, 국가 지급 보장 의무화, 출산·군 복무 크레딧 확대), ③ 노후소득 강화(저소득 지역가입자 보험료 지원 확대, 의무 가입 상한연령 조정, 기초연금 40만 원으로 단계적 인상 및 기초생보 생계급여 추가 지급, 퇴직연금 단계적 의무화 및 수익률 개선 등) 제시

종전까지의 입장에서 선회, 명목 소득대체율 42% 인상을 제시했는데, 이는 국민 500인 공론화위원회 논의 결과를 존중하고, 야당의 제안에 한 걸음 더 다가감으로써 국민연금 개혁을 반드시 성사시키겠다는 의지를 보인 것으로 평가된다. 다만, 기금 고갈 시기를 잠시 늦추는 데 그치는 등 여전히 장기적 재정안정화에 관한 비전과 로드맵이 빠졌고, 국고 지원 등 국가의 적극적 역할도 보이지 않는다는 지적을 받았다. 보험료율 세대 간 차등 인상 방안에 대해서는 찬반 양론으로 나뉘었다.

가장 문제가 되었던 대목은 정부가 '자동조정장치' 도입을 검토하자고 한 것이었다. 결과적으로 이 제안은 得보다 失이 컸다. 야당이 수용 반대 의견을 분명히 나타냈고, 노동계와 시민단체에서도 강력히 반대했다.

이런 부분만 제외한다면, 정부의 연금개혁 방안은 기존의 재정안정 우선 및 구조개혁 병행 입장에서 상당히 물러선 것으로 평가된다. 명목 소득대체율 42% 인상을 처음으로 제시했고, 구조개혁 병행 조건도 사실상 내려놓았다. 무엇보다도 보험료율을 9 → 13%로 인상하는 방안을 정부가 내놓은 것은 2007년 이후 최초였다.

09

12월 3일 계엄 사태 이후 현재까지

"대통령은 멈춰도 4대 개혁은 직진해야"

"탄핵 열차, 4대 개혁 STOP?"

"4대 개혁 멈추면 사회적 부담 커져… 불확실성 크더라도 불씨 이어가야"

"연금개혁 물 건너가나… 정부 기능 마비에 재개 요원해져…"

"탄핵 상황이 연금개혁 기회일 수도"

"탄핵 정국 속 연금개혁 띄우기"

2024년 12월 3일 대통령의 계엄선포 사태 이후 국민연금 개혁을 비롯한 4대 개혁 논의가 전면 중단됐다. 초고령사회 대비를 위해 서둘러야 할 시대적 개혁과제가 골든 타임을 놓치고 있다는 우려가 커지고 있다.

정치 상황과 무관하게 가장 시급성을 요하는 과제가 국민연금 개혁이라는 데에는 이론이 없다. 나라의 관심이 온통 대통령 탄핵에 쏠려 있지만, 국민연금 개혁만큼은 속도를 늦추지 말고 계속 이어가야 한다는 것이다. 특히, 2026년 6월에는 지방선거가 있으므로 올해 내에 반드시 국민연금 개혁을 완성해야 한다는 목소리가 높다.

제3장

국민연금 핵심 쟁점과 합의 방향의 모색

 현시점에서 국민연금 개혁의 큰 골격은 대략 나왔다. 보험료 인상은 더 이상 큰 쟁점이 아니고, 소득대체율 인상문제도 어느 수준까지냐의 문제만 남겨놓은 것 같다. 모수개혁과 구조개혁에 대해 정부도 굳이 구조개혁만을 고집하지 않는다. 무엇보다 '더 내고 더 받는' 개혁이 국민 대다수가 원하고 바라는 점이 점점 확인되고 있다.

 2024년 2월 국민 500인 공론화위원회는 '보험료율 13%-소득대체율 50%' 인상(1안)과 '보험료율 12%-소득대체율 40% 현행 유지' 안(2안) 중 1안, 즉 '더 내고, 더 받는' 개혁안에 대해 56%가 찬성했다.

또, 국민연금공단이 2023~2024년 2년 동안 전국 지사별로 '국민연금 바로 알기' 설명회를 진행하면서 국민연금 개혁 방향에 대해 설문조사를 실시한 적이 있는데(총 15,630명 응답), '더 내고 더 받기(7,208명, 46.1%)' - '현행 유지(3,720명, 23.8%)' - '더 내고 그대로 받기(2,361명, 15.1%)' - '기타(2,341명, 15.0%)'로 나타나 '더 내고 더 받기'가 1위로 나타났다. 이 설문조사는 표본의 크기가 매우 커 신뢰도가 높다.

정부도 '더 내고, 더 받는' 방안을 내놓았다. 지난해 9월 4일 '보험료율 13%-소득대체율 42%' 인상(안)을 제시한 것이다. 그렇다면 이제 국민연금 개혁의 방향은 거의 정해진 것이나 다름이 없다. 그것은 '더 내고 더 받는' 개혁이다.

하지만, 미해결 쟁점이 여전히 살아있다. 우선, '더 내고 더 받는' 다양한 개혁방안, 즉 정부, 연금 전문가, 정당, 노동단체, 시민단체 및 국민 500인 대표 등의 '모수개혁' 방안 중 그 어느 것도 기금 고갈을 필요한 시기까지 최대한 연장할 수 있는지에 대해 뚜렷한 답을 내놓지 못하고 있다. 기껏 6~15년 정도 늦출 수 있다는 말만 하고 있다. 또 세대 간 형평성이 너무 기울어지는 문제를 세대 간 갈등 없이 해결할 수 있는 대안도 아직 찾지 못했다. 모수개혁이냐, 구조개혁이냐의 문제는 아직도 정리되지 못했고, 재정안정이냐, 소득 보장 강화냐를 둘러싼 전문가 사이의 대립도 지속한다. 겉으로 큰 방향이 잡힌 것 같지만, 속으로는 논란이 계속되고 있고, 언제든지 미해결 쟁점이 밖으로 돌출해 개혁 논의가 다시 원점으로 돌아갈 가능성이 상존한다는 말이다.

이 章에서는 이러한 미해결 쟁점에 대해, 각각의 근거 논리 및 미해결되는 이유 등을 좀 더 분석해 보고, 합의 가능한 실마리를 모색하려 한다.

01

기금 고갈 논란

기금 고갈되면 안 된다
vs 기금 고갈되어도 괜찮다

　국민연금에 대한 2030 불안의 핵심은 "2056년 기금 고갈!"이다. 이렇게 말하면, 당장 내일 일도 어떻게 될지 모르는데, 무슨 30년 뒤의 일을 걱정하느냐? 항변할 수도 있겠다. 그런데, 2030은 30년 뒤의 일을 지금 걱정해야 한다! 그때 터질 일을 그때 가서 해결하는 것은 불가능하기 때문이다.

　이러한 '기금 고갈론'과 관련하여 소득 보장 강화론과 재정안정론의 견해가 대립한다.

　먼저, '소득 보장 강화론'은, 기금 고갈에 너무 집착할 필요가 없으며, 국가가 존재하는 한 연금 지급받는 것에 큰 문제가 없다는 의견이다. 만일 기금이 없어지면 현재 유럽 국가들이 하듯이 그해 걷어 그해 지출하는 '부과방식'으로 전환하면 된다고 한다.

'재정안정론'은, 이대로 가면 기금이 고갈되는 것을 피할 수 없는데, 이렇게 기금이 고갈되면, 극단적인 가정하에서는 국민연금을 못 받을 수도 있다는 것이다. 물론 국가가 존재하는 한 지급은 하겠지만, 얼마를 받을지 알 수 없으므로 지금 보험료를 빨리 올려서 기금 고갈 시기를 최대한 연장해야 한다는 것이다. '부과방식'으로의 전환은 미래세대의 보험료율이 크게 오르기 때문에 결코 답이 될 수 없다고 한다.

각각의 근거 논리를 좀 더 살펴보자.

'소득 보장 강화론'은 유럽 국가들의 사례를 계속 거론한다. 현재 유럽 국가들 대부분이 쌓아놓은 적립 기금이 없는데도, 보험료와 국고 지원으로 공적연금을 잘(?) 운영하고 있다는 점을 근거로 든다.

이들은 우리의 미래 경제에 대해서도 좀 낙관적인 입장을 취하고 있다. 우리 경제가 해결 능력이 있는데도, 당장 보험료율을 올리지 않으면 큰일이 날 것처럼 말하는 것은 과잉반응이고 '공포 마케팅'이라고 한다. 적절한 시기에 보험료율을 좀 올릴 필요는 있지만, 부족하면 국가가 재정 보조를 통해 채우면 된다는 것이다. 정작 지금 중요한 것은 현재 받는 연금액의 수준이 낮으므로 이 문제부터 서둘러 개선해야 한다는 입장이다.

"세계 어느 나라도 기금이 고갈되었다고 연금을 지급하지 못한 나라는 없다. 우크라이나는 지금 전쟁 중인데도 연금을 지급하고 있다! 또 영국, 프랑스, 독일, 스웨덴 같은 유럽 연금 선진국에서는 기금 적립금 자체가 아예 없다. 있어도 겨우 준비금 정도만 보유하고 있다. 그런데도, 연금을 안정적으로 지급하고 있지 않은가?"

이 주장을 따를 때 좋은 점은 지금 당장 보험료 부담을 크게 지지 않아도 된다는 것이고, 안 좋은 점은 2030과 2030 자녀의 국민연금 미래가 '계속 불확실하다'는 것이다.

'재정안정론'은 기금은 2056년에 고갈되면 안 되고, 만일 고갈되면 국민연금을 받는 것에 문제가 생길 거라는 입장이다. 기금 고갈 전망은 '시뮬레이션'이지만, 단순히 '공포 마케팅'이 아니고, '숫자'를 있는 그대로 보여줌으로써 아무것도 하지 않으면 그런 일이 생길 수 있다는 점을 알려주고 있다는 것이다.

이 입장은 특히 '세대 간 형평성'에 주목한다. 기금이 고갈되면 후세대 보험료가 급격하게 오르고, 막대한 국고의 투입도 피할 수 없다. 설사 국가가 해결할 수 있다 하더라도 보험료든, 세금이든 결국 후세대 부담이라는 것이다.

이 입장을 따를 때 좋은 점은 2030과 미래세대의 국민연금 미래가 '확실해진다'는 점이며, 단점은 지금 어느 정도 보험료 인상은 감수해야 한다는 것이다.

기금 고갈 시기는 최대한 연장할 수 있다!

필자는 위 두 가지 견해 중 일단 후자가 타당하다고 생각한다. 기금 고갈은 어차피 2030과 미래세대의 문제인데, 2030 입장에서는 불확실한 미래보다 확실한 미래가 당연히 낫기 때문이다.

사실 기금 고갈을 둘러싼 이 논쟁은 큰 의미가 없다. 이것보다 더 중요한 것은 보험료를 과도하게 인상하지 않고, 미래 국가재정에 기대지 않으면서도 적립 기금을 최대한 연장할 수 있는 현실적 대안을 찾는 일이다. 이런 대안이 있다면, 누군들 마다할 이유가 없다.

소득 보장 강화론과 재정안정론이 기금 고갈 여부를 갖고 논란을 벌이는 이유는, 아마도 유럽 국가들의 공적연금제도를 검토 모델로 설정한 후 우리나라에도 그대로 적용한 것이 아닌가? 생각된다. 유럽 국가들은 적립 기금이 없으므로 보험료와 국가재정만으로 운영할 수밖에 없는데, 이런 상황에서 보험료의 과도한 인상을 피하려면 국가재정에 의존할 수밖에 없다. 우리 재원 구조도 이와 유사하다고 보고, 재정안정론은 보험료를 당장 올려야 한다고 말하고, 소득 보장 강화론은 국가재정을 활용하자는 말을 하는 것 같다.

그런데, 우리는 유럽 국가들과 달리 이미 세계 3대 적립 기금(약 1,200조 원)을 보유하고 있고, 현재 보험료 수입보다 더 많은 기금 수익금을 매년 창출하고 있다. 따라서, 이것을 잘 활용한다면 미래 국가재정에 기대지 않고도, 적정한 보험료 인상과 기금 수익금을 합쳐 기금 고갈 시기를 최대한 연장할 수 있다. 이것이 장기적으로도 지속 가능하다면, 기금 고갈을 둘러싼 논쟁은 더 이상 쟁점이 되지 않는다는 말이다.

기금 고갈되면 '부과방식'으로 바꾸면 된다?

"부과방식으로 바꾸면, 보험료율이 35%까지 올라간다!"

'부과방식'이란 그해 필요한 연금 급여 지출을 그해 보험료를 걷어서 충당하는 것을 말한다. 이 재정방식은 우리나라 인구 상황에서 대안이 될 수 없다. '부과방식'으로 전환하면, 미래세대 보험료율은 현행 9%에서 2078년에는 34.9%까지 치솟는다.

최근에는 '부과방식'으로 재정을 운영해 왔던 유럽 국가들이 오히려 '부분적립 방식'으로 전환하고 있다. 세계적 저출산·고령화 및 경기침체 등 미래 불확실성에 대비하여 보험료 일부를 '완충 기금(reserve funds)'으로 적립하는 것이다. 스웨덴은 1998년에 보험료율을 18.5%로 인상하면서 이 중 2.5%p는 적립 기금으로 쌓고 있고, 아일랜드도 2001년에 국민연금 적립 기금(National Pension Reserve Fund)을 설정하고, 2025년까지는 중도인출을 하지 않는 것으로 하는 등 '완전적립 방식'으로 운영하고 있다.

02

세대 간 형평? 세대 간 연대?

현세대가 더 부담해라!
vs '사회연대세(稅)' 도입하자!

'형평'과 '연대'는 비슷한 말인 것 같지만, 약간 다르다. 재정안정론은 '세대 간 형평(equity)'을 말하고, 소득 보장 강화론은 '세대 간 연대(solidarity)'를 말하는 경향이 있다.

'재정안정론'은 '부담' 문제에 있어서 '세대 간 형평성'이 심하게 왜곡되었기 때문에 이를 바로 잡는 것이 급선무라고 한다. 현세대는 9%만 부담하고, 미래세대(2078년)는 35%를 부담하는 것은 말도 안 되는 일이므로, 현세대가 어느 정도 불이익을 받을 수밖에 없다는 것이다. 정부가 지난해 9월 4일 발표한 '세대 간 보험료 차등 인상방안'이 그 예다. '세대 간 갈라치기'라는 비판이 나왔고, 의도와 달리 현세대에게 뭔가 불이익을 강요하는 듯한 모습으로 비춰졌다.

국민연금을 받는 문제와 관련하여 '현 노년 수급자 세대 및 곧 국민연금을 받게 될 중장년층도 늦춰 받거나, 조금 덜 받는 걸 감수하라'는 것도 비슷하다. 모두 '재정안정'과 '세대 간 형평성'을 위해 어쩔 수 없다는 것이다. 그런데, 이것도 우리나라 노인빈곤 문제가 심각한 상황에서 올바른 해법이 아니고, 자칫 '세대 간 갈등' 양상으로 번질 수 있는 문제점이 있다.

'소득 보장 강화론'은 주로 '연대(solidarity)'를 말한다. 이들은 '부담' 문제에 대해 지금 보험료율이 낮으니 올리긴 올리되, '함께 더 내자'는 입장이다. 또 지금 국민연금의 보장성 수준도 낮으니 '함께 더 받자'는 입장이다. 그리고, 이렇게 하면 국민연금 재정문제가 오히려 악화하는 것 아니냐는 지적에 대해서는 '부유 계층이 좀 더 낼 수 있다'는 식으로 접근한다. 종종 프랑스의 '사회연대세(ISF)', 또는 박근혜 정부에서 잠깐 검토했다가 큰 반발에 부딪혀 곧바로 철회했던 '사회보장세' 신설이 언급된다. 국민연금 보험료 부과 기반을 소득 외에 '자산'에도 부과하자는 주장도 비슷하다. 문제는 이렇게 하다가는 자칫 '계층 간 갈등' 또는 '부자 증세' 논란으로 비화할 수 있는 단점이 있다.

보험료율 인상의 세대별 차등?

2024년 9월 4일 정부가 국민연금 개혁(안)을 발표하면서 보험료율 인상 속도를 세대별로 차이를 두는 방안을 발표했다. 예를 들어, 50대는 4%p를 빨리 올리고, 20대는 천천히 올리는 式이다. 50대가 20대에 비해 낮은 보험료율의 혜택을 이미 오래 누려왔으니, 고통을 분담하고, 세대 간 형평성도 맞추겠다는 취지다.

곧바로 반론이 나왔다. 세계적으로 유례를 찾아보기 어렵고, '능력에 따라 보험료를 부과한다'라는 사회보험 원칙을 훼손한다는 것이다. 세대 간 형평을 맞추려다 계층 간 형평을 놓치는 결과로 이어진다고 한다. 세대를 나누는 기준도 논란이 되고 있는데, 49세와 50세는 한 살 차이로 0.5%와 1%로 보험료 인상 부담이 달라진다. 기업이 중장년층의 고용을 꺼려 이들의 재취업을 더 어렵게 하는 부작용도 예상된다고 한다.

'부자 증세 없는 세대 간 형평성 개선' 가능하다!

무엇보다 현시점에서 가장 중요한 것은 국민연금 개혁을 빨리 성공시키는 일이다! 그렇다면, 굳이 '형평'을 강조하는 것보다, '연대'나 '통합'에 호소하는 편이 개혁 성공에 유리하다. 그리고, 굳이 특정 세대에게 보험료를 더 빠르게 올리지 않아도(어차피 똑같은 보험료율로 올리더라도 4050이 청년층보다 보험료를 훨씬 더 많이 부담하게 되어 있다), 또는 현 노년세대에게 연금을 덜 지급하지 않아도, 재정 안정을 이루는 방법이 없는 것도 아니다.

세대 간 형평성 논란도 기금 고갈 논란과 유사하다. 보험료와 국가재정만을 놓고서는 '부담을 둘러싼 세대 간 갈등' 문제를 해결하기 어렵다. 이 조건에서 '세대 간 형평성'을 개선하려면, 현세대 보험료를 크게 올리든가, 그렇지 않다면 '부자 증세'에 의존해야 한다. 딜레마 상황이다. 결국, 다른 대안을 찾아야 하는데, 앞서 말한 대로, 적정한 수준으로 현세대 보험료를 인상하는 한편, 거대 기금을 앞으로도 잘 활용한다면 비용 부담을 후세대 또는 부유 계층에게 전가하지 않아도 된다. 세대 간 형평성 논란도 더 이상 큰 쟁점이 되지 않는다.

지금 청년들은 '불공정'에 분노하고 있다!

"지금 과감하게 개혁해야 한다. 한 세대만 특혜를 받아서는 안 된다."

"왜 지급하지도 못할 연금 떼가면서 복지를 논하는가? 국민연금은 폐지가 답이다."

"말이 좋아 개혁이지 계약조건을 주기적으로 바꾸는 것과 같다."

2030은 3포 세대(결혼, 연애, 취업, 집, 출산 중 3가지)로 불릴 만큼 상황이 좋지 않다. 심지어 '다포 세대'라는 말까지 나왔다. 모든 걸 '다' 포기했다는 뜻이다. 이제는 '미래 연금'마저 포기하게 생겼다. 2030 세대 내에서는 '연금 무용론'이 팽배하다.

1950년대 중반 이전에 태어난 이들이
노년빈곤을 끌고 간다!

세계 경제 10위권의 잘 사는 나라에서 '폐지 줍는' 노인들이 아직 많고 노인 자살률이 세계 1위이다. 국민연금과 기초연금을 합해도 월평균 60만 원 정도다. 사정이 이런데도, 제대로 알지 못하는 사람들이 마치 이들 세대가 국민연금 3% 보험료율과 70% 소득대체율의 말도 안 되는 특혜를 받았고, 이것이 국민연금기금 고갈의 원흉인 양 방송에 나와 떠들고 있다.

현 국민연금 재정 위기의 원인은 이들 때문이 아니다. 현 노년세대는 우리나라 경제성장을 만들어 냈으면서도, 정작 자신들을 위한 노후 준비는 제대로 할 수 없었다. 그 와중에도 국민연금 재정안정에 가장 중요한 요소인 인구 생산(?)에 크게 기여했다.

젊었을 때 베이비붐 세대를 낳고, 길러냈고, 지금도 열심히 일하는 분들이 많다(70세 이상 고용률 2023년에 첫 30%대, 2018년 122만 명 → 2023년 190만 명. 2024. 2. 20. 중앙일보).

1955~1974년생 베이비붐 세대는
어떤 대접을 받는 것이 합당할까?

"부모 자녀 동시 부양에 허리 두 번 휘는 '70년대생'" (2024. 11. 29. 동아일보)

소위 '낀 세대'이기 때문에 힘들다는 것이다. 필자도 이 세대에 속한다. 그러나, 이 나이는 원래 '낀 세대'이지, 이 세대만 특별한 것이 아니지 않을까? 이 세대의 맏형인 1955년생이 33세가 되었을 때인 1988년에 국민연금제도가 시작되었고, 그로부터 15년이 지난 2003년, 즉 1955년생이 48세가 되었을 때 처음으로 국민연금 제1차 재정계산 결과가 발표됐다.

당시 복지부 장관이었던 유시민 전 장관은 "잠자려고 누우면 머리 위에 기금 고갈이라는 '시한폭탄'이 째각째각 돌아가는 느낌을 받았다"라고 토로할 정도였다.

베이비붐 세대는 경제성장의 밑거름을 한층 더 키웠고, 민주화의 주역이기도 했지만, 연금제도 측면에서는 대접을 받을 자격이 딱히 있다고 보기 어렵다. 이 세대는 그때부터 연금 보험료를 더 많이 납부해야만 했었다.

그런데, 그로부터 20년이 지나는 사이에 1955~1964년생까지, 1차 베이비붐 세대가 이미 은퇴를 해버렸다. 이제 이들은 연금 보험료를 더 내고 싶어도 더 내지 못한다. 물론 이들 잘못이 아니고, 정치권이 책임을 방기한 탓이다.

다만, 아직 희망이 있다. 2차 베이비붐 세대 1965~1974년생 954만 명이 아직 근로 현장에 남아 있는 것이다. 여기에 속한 사람들은 매우 억울한 심정이 들 것이다. "왜 나만 가지고 그래?" 하지만 어쩔 도리가 없다. 2030과 미래세대를 위해 양보를 좀 하는 것이 옳다.

03

모수개혁이냐, 구조개혁이냐?

모수개혁 시급하다!
vs 근본적 해법 필요하다!

'모수개혁'이 국민연금에 한정하여 보험료율과 소득대체율의 수치를 어떻게 조절할 것이냐를 다루는 것이라면, '구조개혁'은 기초연금·퇴직연금·공무원연금 및 기초생활보장제도까지도 포함하여 전체적인 소득 보장의 틀을 어떻게 바꿀 것이냐를 다룬다.

먼저 '구조개혁' 입장을 들어보자. 구조개혁을 말하는 사람들은 현행 국민연금제도 틀 내에서의 수치 조정, 즉 '모수개혁'으로는 연금을 향해 던지는 시민들의 질문에 답할 수 없다고 한다.

"모수개혁만으로는 국민연금의 장기적 재정 균형을 유지하기 어렵다."

"무엇보다 시급한 과제인 노인 빈곤에 대응하는 것도 어렵다."

구조개혁으로 중장기 연금체계의 비전을 제시하고 이 비전에 따라 단계적 개혁을 밟아가는 게 효과적이며, 그래야 국민연금 개혁에 대한 공감대와 추진력도 만들어 낼 수 있다는 것이다. 2024년 2월에 KDI에서 '新연금'이라는 이름의 개혁안을 발표한 적이 있었는데, 이것도 구조개혁 방안의 하나이다. 스웨덴식 소득비례형, 확정기여(DC) 방식으로 근본적 개편을 하자는 것이다.

다음은 '모수개혁 먼저' 입장이다.

"국민연금 개혁에 빨리 착수한다면 모수개혁만으로 국민연금 재정안정이 가능하다. 또 모수개혁은 간단하고 여러 선택지가 나와 있으므로 답을 고르기만 하면 된다. 구조개혁이 3차, 4차 방정식이라면, 모수개혁은 산수다."

가장 중요한 것은 개혁의 시기이므로, 우선, 모수개혁으로 국민연금을 안정시킨 다음에, 구조개혁은 긴 호흡을 가지고 중장기적 과제로 추진해도 늦지 않다고 한다. 또 모수개혁에 성공하면 구조개혁을 추진하는 것도 훨씬 용이하고, 효과성도 충분하므로 지금은 모수개혁에 집중할 때라는 것이다.

모수개혁 먼저 하되, 단점 보완하면 된다!

지금 모수개혁 먼저냐, 구조개혁 병행이냐를 두고 시간을 보낼 만큼 한가하지 않다. 구조개혁 방안까지 모두 테이블 위에 올려놓고 논의하기 시작하면 앞으로 몇 십 년이 더 걸릴지 아무도 모른다. 이해 관계자의 범위가 넓어지고, 쟁점은 몇 배 더 늘어날 것이기 때문이다. 논의할 시간을 충분히 준다 해도 합의 도출이 가능할지 의문이고, 도출한다 하더라도 시간을 놓치면 소용없다. 또 구조개혁은 연금 수령액이 줄어드는 것, 즉 국민연금의 보장성이 약화하는 것을 피하기 어렵다.

따라서, 우선 모수개혁을 서둘러야 한다. 단, 현재 나와 있는 모수개혁 방안에 내재한 단점은 반드시 보완해야 한다. 국민 500인 공론화위원회, 정부 및 민주당의 모수개혁 방안 모두 단기적으로 보험료 인상에 따라 기금 소진 시기가 잠시 연장되지만, 장기적으로는 소득대체율 인상에 따른 '재정 구축 효과(crowding effect)'가 더 커지기 때문에 미래재정이 오히려 악화하는 결정적인 문제가 있다.

이 문제에서 벗어날 수 있는 방법이 있다. 그것은 소득대체율 인상에 필요한 재원을 보험료 인상에 의존하지 않고, 대신 소규모 국고를 장기간에 걸쳐 사전에 국민연금에 투입(더 정확한 말은 '투자'다)하고, 국민연금공단은 이를 투자 재원으로 삼아 매년 국고 보조금

보다 더 많은 수익금을 창출하도록 함으로써 해결하는 것이다. 이렇게 하면 '재정 구축 효과'가 발생하지 않기 때문에 국민연금 재정을 장기적으로 안정화하면서도, 소득대체율을 인상하는 '모수개혁'이 가능해진다.

또 이 방법은 현재의 건전재정을 해치지 않으면서 미래 국가재정도 크게 아낄 수 있다. 무엇보다 이번에 '더 내고 더 받는' 국민연금 개혁을 실현할 수 있는 가장 현실적 대안이며, 거기에다 현세대가 내는 세금으로 미래세대의 소득대체율을 올릴 수 있으므로 세대 간 공정성도 제고된다.

'기금운용 개혁'으로 새로운 돌파구 찾자!

국민연금 개혁 논의가 모수개혁과 구조개혁 중심으로 이뤄지는 바람에 기금운용 시스템 개혁 논의가 뒷전으로 밀리고 있다. 전문가들은 기금 소진 시기를 늦추기 위해서는 국민연금기금운용의 전문성과 독립성을 확보해 수익률을 높일 필요가 있다고 거듭 강조한다.

금융 전문가들은 캐나다 CPPI처럼 기금운용본부에 독립적이고 신축적인 투자 권한을 부여하고, 인력 규모, 보수 수준 및 해외 사무소 등 운용 인프라를 대대적으로 혁신해야 한다고 강조한다. 우수 인력 확보 및 글로벌 투자 네트워크의 구축 등을 위해서다.

04
소득 보장 강화냐, 재정안정 우선이냐?

미래 국가재정 감당 가능하다
vs 결국 후세대 부담이다

'소득 보장 강화론'은 현재의 국민연금이 노후의 적정생활을 보장하는 데 부족하다는 문제인식을 갖고 있다. OECD 1위의 노인빈곤 상태를 빨리 벗어나기 위해서라도 국민연금의 보장성을 높여야 한다고 강조한다.

현재 OECD 회원국 평균 연금 지출 비율이 GDP의 9% 수준인데, 우리나라 국민연금 지출이 앞으로 많아져도 GDP의 9.4% 수준이며, 공무원연금 등 특수직역연금과 기초연금까지 포함하더라도 12~13% 수준으로 추정되므로 미래의 우리 경제가 감당할 수 있을 것으로 본다.

이에 반해, '재정안정론'은 재정안정이 시급하고, 또 재정안정을 이루어야 소득 보장성도 강화할 수 있는 것이라고 말한다.

"(노후소득) 보장성 늘리려면 보험료 인상 불가피… 국민연금 재정의 위기를 부르지 않으면서 연금 수준을 높이려면, 당장 보험료 인상폭이 커져야 할 것" (한겨레신문, 2018. 8. 15.)

"노후소득 보장이 지속 가능하게 하기 위해 재정계산을 하는 것입니다!" (김용하 국민연금 재정계산위원회 위원장, 2023. 9. 11. YTN 인터뷰)

"재정 건전성 정책이 재정안정화만 추구한다는 주장은 사실을 왜곡하는 것" (석재은 한림대 교수, 2023. 9. 4. 이데일리)

'재정안정론'은 나중에 국가재정 등으로 해결하자는 것은 결코 능사가 될 수 없다고 말한다. 이들은 '소득 보장 강화론'이 근거로 삼는 'GDP 대비 연금 급여 지출 비율에 여력이 있다'라는 주장에 대해서도 근거가 부족하다고 비판한다.

또 미래에 우리나라 경제가 GDP의 12~13%를 감당할 수 있다 하더라도, 보험료든 세금이든 결국 미래세대가 모두 감당해야 하는 건 변함이 없다고 한다. 국민연금제도의 '목적'이 노후소득 보장이기는 하지만, 재정안정이 확보되지 못하면 그 목적 달성 자체가 불가능하다는 것이다.

**후세대 부담 줄이고,
연금 보장성도 강화할 수 있다!**

재정안정이냐, 소득 보장 강화냐를 놓고 연금 전문가들 사이에서, 그리고 정치권 등에서 논란을 벌이는 일은 이제 그만했으면 하는 바람이다. 국민연금 재정안정과 소득 보장 강화는 둘 다 필요하며, 어느 것에 우선순위가 더 있는 것도 아니다. 현시점에서 국민연금 개혁을 하면, 재정안정과 소득 보장 강화의 두 마리 토끼를 모두 잡을 수 있다는 사실이 더 중요하다.

국민연금의 장기 재정안정은 보험료 인상+기금 수익금을 결합하여 해결하고, 소득 보장성은 소규모 국고의 선제적 투입을 통한 국민연금 보장성 제고 및 기초연금 40만 원 인상 등 '다층연금' 체계 강화를 통해 해결할 수 있다.

제4장

인구 위기의 해소 전망과 '더 내고 더 받는' 연금개혁의 성공 사례

　앞 章에서 기금 고갈과 세대 간 형평성 논쟁이 유럽 국가들처럼 보험료와 국가재정의 활용만으로 접근하려는 데에서 비롯된 측면이 있음을 지적하면서, 우리는 유럽 국가들과 달리 거대 기금을 이미 보유하고 있으므로, 이러한 잠재력을 앞으로 잘 활용하면, 미래 국가재정에 기대지 않으면서, 보험료와 수익금으로 기금 고갈 시기를 최대한 연장할 수 있고, 세대 간 형평성도 개선할 수 있다고 말했다.

　또한, 국민 다수가 원하는 '더 내고 더 받는' 모수개혁이 장기적으로 연금재정을 오히려 악화시키는 문제에 대해서도, 소규모 국고를 사전에 국민연금공단에 장기간에 걸쳐 보조하고, 공단은 이를 재원으로 삼아 보조금보다 훨씬 많은 수익금을 창출한다면, 국고 보조금과 수익금을 합쳐 소득대체율 인상 재원으로 활용할 수 있다고 했다. 이렇게 하면, 연금재정을 악화시키지 않고도, '더 받는' 개혁을 할 수 있다. 이제 남은 것은, '모수개혁' 방안이 세계 유례없는 인구 위기에 직면한 상황에서도 과연 지속성이 있겠느냐는 것인데, 이 章에서 그것이 가능하다는 근거를 밝히려 한다. 또 실제로 '더 내고 더 받는' 모수개혁을 성공한 해외 사례도 소개한다.

01
시야를 확장하자!
국민연금 개혁의 끝이 있다!

2105년이 국민연금 개혁의 끝이다!

'더 내고, 더 받는' 모수개혁이 미래에도 지속 가능성이 있으려면 우리나라 인구 구조의 미래 양상을 봐야 한다. 국민연금에 미래가 없다고 말하는 사람들은 한 해 100만 명 가까이 태어난 베이비붐 세대가 본격적으로 국민연금 수급자 세대로 진입하는 반면, 이들을 위해 연금 보험료를 부담해야 하는 세대는 한 해 50만 명 → 25만 명으로 팍팍 줄어든다는 점을 강조하는 것이다. 그런데, 이러한 인구 위기에도 끝이 있다는 사실에 주목할 필요가 있다.

"언젠가는 모두 떠난다!"

갑자기 무슨 말인가 싶을 거다. 하지만 우울한 말을 하려는 게 아니다. 베이비붐 세대의 맨 막내인 1974년생도 2074년에는 만 100세를 넘어 모두 떠난다. 따라서, 우리나라 인구 위기는 서서히 해소 국면으로 접어들게 되는데, 이때부터 다시 한 세대, 약 30년 정도가 지난 2105년경이면 우리나라 인구 구조가 완전히 정상화 된다.

이 말은, 국민연금 재정 위기의 핵심 원인인 인구 위기가 시간이 지남에 따라 자연적으로 해소된다는 것을 뜻한다. 이때 비로소 연금 보험료를 납부하는 인구가 국민연금 받는 인구를 다시 추월한다! 다음의 도표를 보자.

(단위 : 천 명)

연도	경제 활동 인구(15-64세)	노인 인구(65세 이상)
2022	36,743(71.1%)	8,981(17.4%)
2070	17,000(46.0%)	17,677(47.5%)
2082	13,750(43.4%)	15,618(49.3%)
2100	11,830(48.5%)	10,843(44.4%)

2022년에 경제 활동 인구가 71.1% 비중을 차지했는데, 2082년에는 43.4% 비중으로 크게 줄어든다. 이때가 국민연금 재정 위기의 정점이다. 그런데, 2100년에는 경제 활동 인구의 비율이 48.5%가 되어 노인 인구 비율 44.4%를 재역전하는 것을 확인할 수 있다. 다음의 도표도 보자.

<부과방식 비용률 전망>   (단위 : 경상가, 십억 원, %)

연도	보험료 부과 대상 소득총액 (가)	급여지출 (나)	GDP (다)	GDP 대비 보험료 부과 대상소득 총액 (가)/(다)	GDP 대비 급여 지출 (나)/(다)	부과방식 비용률 (나)/(가)
2023	662,683	39,521	2,267,074	29.2	1.7	6.0
2040	1,159,896	175,274	4,4001,328	29.0	4.4	15.1
2060	1,653,534	493,337	6,389,066	25.9	7.7	29.8
2080	2,550,422	889,877	9,469,884	26.9	9.4	34.9
2093	3,668,224	1,088,305	12,417,173	29.5	8.8	29.7

2023년에 'GDP 대비 국민연금 급여 지출 비율'과 '부과방식 비용률(필요 보험료율)'이 각각 1.7%와 6.0%였는데, 2080년에 이 비율이 각각 9.4%와 34.9%로 급격히 상승한다. 하지만, 이 비율은 영원히 계속되는 것이 아니라, 2093년에 각각 8.8%와 29.7%로 다시 하락세로 접어드는 것을 분명히 확인할 수 있다.

또 다른 통계에 따르면, 국민연금 수급자 수도 2060년에 1,722만 4천 명까지 올라가지만, 2093년에는 1,090만 9천 명으로 크게 줄어든다. 이러한 모든 지표는, 우리나라 인구 구조가 2070년대 중반을 지나면 다시 안정세로 들어간다는 점을 분명히 보여주고 있다.

그렇다면, 이제 국민연금 개혁의 해법이 보일 것이다. 그것은 2105년까지만 기금을 유지하면 된다는 말이다. 지금 시점으로부터 약 80년, 그리고, 국민연금기금 적립금의 고갈 예정 시기인 2056년부터는 약 50년만 기금을 더 유지하면 되는 것이다! 이것이 국민연금 재정안정화의 장기 비전이다.

국민연금 개혁은 이러한 인구 변화의 시기에 맞추어 적절한 때를 놓치지만 않는다면 '더 내고, 더 받는' 개혁이 충분히 가능함을 시사하고 있다. 이번이 그 시작이고, 이런 식으로 지속적인 개혁에 성공할 수 있다면, 우리는 50년의 재정 절벽(financial crevasse)을 충분히 넘어갈 수 있다. 2105년에는 국민연금 개혁이 끝난다!

02

'더 내고, 더 받는' 연금개혁 : 캐나다의 길
- 해외 연금개혁의 모델

"효율적인 기금운용으로 성공적인 연금개혁을 이룬 캐나다! 노후 보장의 새로운 전략 보여주다! 후세대 보험료 인상 부담 최소화 및 급여 보장성 강화의 두 마리 토끼 잡음!"

캐나다 국민은 자국 연금개혁에 대해 신뢰도가 높다. 국민들이 낸 보험료를 재원으로 '캐나다 연금투자기관'(CPPI: Canada Pension Plan Investment, 우리나라 국민연금공단의 기금운용본부에 해당)이 기금 수익금을 크게 불리고, 이 두 가지를 합쳐서 안정적인 연금 급여를 지급하고 있기 때문이다.

캐나다는 1990년대 중반에 현재 우리나라가 처한 상황과 비슷했다. 1995년 2월 CPP 재정보고서가 나왔는데, 불과 20년 만인

2015년에 기금이 완전히 고갈돼 베이비붐 세대와 그 자녀들에게 약속한 연금을 지급하지 못하는 사태가 발생할 것이라는 우려가 제기된 것이다. 당시 재무장관이었던 폴 마틴이 주도하여 1997년 연금개혁에 성공했다. 보험료율 인상(5.6 → 9.9%) 및 기금운용 혁신('캐나다 연금투자기관(CPPI)' 설립 등)을 결합한 모델을 개혁방안으로 제시하고, 운용 결과에 따라 추후 소득대체율을 인상하겠다는 약속으로 국민을 설득했다.

이후 캐나다 정부는 대국민 약속을 지켰다. 이것이 2016년 연금개혁이다. 1997년 CPPI 설립 이후 연평균 10%에 이르는 놀라운 기금운용 성과를 나타냈고, 캐나다 정부는 이를 바탕으로 2016년에 지급률(소득대체율)을 종전의 25%에서 33.3%로 무려 30% 이상 인상한 것이다. 이때 캐나다 정부는 보험료를 한 차례 더 인상했는데(9.9 → 11.9%), 2%p 인상분(Additional CPP)은 '완전적립 방식(full funding)'으로 운용하기로 결정했다.*

캐나다는 우리나라와 인구 및 GDP 규모가 비슷하다. 제조업에 기반한 산업 구조라는 점도 닮았다. 가장 유사한 점은 두 나라 모두 막대한 기금 적립금을 갖고 있어서 국민이 낸 보험료를 기반으

---

* 제30차 재정추계보고서(2018. 12. 31.)에 따르면, 2075년까지 CPP의 총수입 추가분에서 기금 투자 수익금 비중이 약 70%를 차지할 것으로 전망함(By 2075, investment income is projected to represent about 70% of additional CPP total revenues, illustrating the greater importance of investment income to its financing. From the 30th Actuarial Report as at December 31, 2018)

로 매년 기금 수익금을 지속적으로 창출할 수 있다는 점이다(캐나다 약 700조 원 vs 한국 약 1,200조 원). 이런 측면에서 필자는 우리 국민연금 개혁의 해외 모델은 캐나다가 가장 적합하다고 생각한다. 두 나라의 차이점이라면, 캐나다는 시기를 놓치지 않고 개혁에 성공했고, 우리는 아직 개혁에 성공하지 못한 상태라는 점이다.

다만, 캐나다 CPPI가 지나치게 공격적인 자산 배분 전략을 취하고 있는 점은 우리가 경계해야 할 지점이다. 또, 국고 투입이 없는 캐나다와 달리 우리는 지금 '더 내고 더 받는' 국민연금 개혁을 반드시 성공하기 위해 명목 소득대체율을 인상해야 하므로 최소한의 사전적 국고 투입이 필요한 시점이다. 따라서, 우리는 캐나다 모델에서, 지나치게 공격적이고 위험한 자산 배분 전략은 빼고, 국고의 소규모 선제적 투입(투자)은 더하면 된다.

제5장

국민연금 재정안정화 방안

　국민연금 개혁의 성공을 위한 실천적 해결방안 중 첫 번째는 국민연금 재정의 장기적 안정화 방안이다. 국민연금의 재정안정을 이루기 위해서는 '수입을 늘리거나', '지출을 줄이면' 된다. 독일·일본·스웨덴 등은 두 가지, 즉 '수입을 늘리면서, 지출도 줄이는' 연금개혁을 했다.

　먼저, 수입을 늘리기 위해서는, ① 보험료를 인상하거나 ② 기금 수익금을 늘리거나 ③ 국가로부터 재정지원을 받으면 된다.

　그리고, 지출을 줄이기 위해서는, ④ 연금 지급률(소득대체율)을 낮추거나 ⑤ 연금 수령 시기를 늦추면 된다. 예를 들어 연금을 68세부터 지급하는 것이다.

이 중 ④와 ⑤는 이번 국민연금 개혁에서는 제외하는 편이 낫다. 엄청난 반발에 부딪혀 개혁 자체가 무산될 가능성이 클 뿐만 아니라, 이번에는 이것까지 하지 않아도 되기 때문이다. 프랑스 연금개혁 사례를 보라. 프랑스는 정년, 즉 연금 수령 시기를 고작(?) 2년 늦추는 것(62 → 64세로 연장) 때문에* 온 나라에서 소요 사태가 일어났고, 마크롱 지지율도 20% 밑으로 떨어졌다.

유럽 국가들은 주로 ①, ③**, ④, ⑤의 방법을 주로 쓴다. ②는 쓸 수 없는데, 기금 적립금이 거의 없어 수익금을 창출할 수 없어서다.

이에 비해, 우리나라는 두 차례 개혁에서 ④와 ⑤를 썼다. 이제는 ④, ⑤는 제외하고, ①을 바탕으로 ②를 크게 늘리고, 여기에 ③의 방법까지 적절하게 조합하여*** 장기적 재정안정을 이루는 것이 필요하다.

---

* OECD 주요 국가 수급 개시연령 : 독일(67세), 일본(65세), 스웨덴(64세), 미국(62세), 캐나다(65세), 프랑스(62세)

** EU 회원국의 노령연금 재원은 2018년 기준으로 사회보험료 65.5%, 정부 일반재정 지원 25%, 기타 수입으로 이루어져 있다고 한다. EU Commission, 2021

*** 최근 국민연금 재정안정과 관련된 다수의 연구 결과는, 보험료율 인상, 기금운용 수익금의 지속 창출 및 국민연금에 적정한 규모의 국고 선제적 투입 필요 등 3자 합동 접근을 강조하는 경향이다.

국민연금 수급 개시연령 65 → 68세로 연장?

수급 개시연령을 65세에서 68세로 연장을 검토하는 방안이 재정계산위원회 보고서에 포함되기도 했다. 재정안정에는 큰 도움이 된다. 그러나, 이번에 이것을 포함했다가는 이 이슈가 국민연금 개혁 논의 전체를 덮어버릴 수 있고, 강력한 저항을 일으켜 개혁 자체를 무산시킬 가능성이 크다.

지금 대량으로 은퇴하고 있는 베이비붐 세대 중 상당수가 노후 준비가 제대로 되어 있지 못한 현실도 생각해야 한다. 정년 연장도 없이 퇴직 후 소득 공백 기간만 3년 더 길어지면 이에 대한 대책이라도 있느냐는 것이다.

이미 수많은 중장년층이 은퇴 후 '소득절벽(income crevasse)'에 노출되어 있고, 얼마 안 가 이들 중 상당수가 노인 빈곤층으로 전락할 위험도 크다. 이런 상황에서 법정 정년 60세를 그대로 둔 채 국민연금 수급 개시연령만 68세로 높이면 어떻게 되나? 소득절벽 기간이 최대 8년간 이어지게 된다. 재취업이라도 되면 다행이겠지만, 요즘 중장년 재취업은 정말 힘들다.

정년제 또는 재고용 제도 등 고령자 고용 관련 대비책이 획기적으로 마련되지 못한 상태에서 국민연금 수급 개시연령만 3년 더 늦추는 것은 말이 안 된다. 정용건 공적연금행동 공동집행위원장은 "정년 연장 없이 연금 수령 시기만 68세로 연장하는 건 노인빈곤의 터널을 너무 길게 하는 것"이라고 말했다. 김용하 순천향대 교수도 "수급연령 상향 조정은 정년 연장과 연동해서 같이 가야 한다"라고 말했다.

자동조정장치의 도입?

자동조정장치는 연금제도의 장기적인 지속 가능성을 확보하기 위하여, 출산율·평균 수명·노년부양비 등 인구 상황의 변화 및 물가, 경제성장률 등 경제변수에 따라 보험료율·소득대체율 등을 '자동으로 조절하는 장치'로써, OECD 36개 국가 중 24개 국가에서 운영되고 있다.

우리나라도 2024년 9월 4일 정부가 연금개혁안을 발표하면서 '자동조정장치'의 도입을 검토할 것을 제안하였으나, 야당의 강한 반대에 부딪혀 논의가 중단된 상태다.

자동조정장치는 연금개혁을 할 때마다 정치적 소용돌이에 휘말리는 것을 피하고, 미리 정해진 공식대로 할 수 있다는 장점은 있으나, 연금액이 일부라도 깎이기 때문에 노년세대의 반발을 부를 가능성이 높다. 정부가 내놓은 도입 시기에도 비판이 제기되고 있다. 가장 빨리 도입할 수 있다고 정부가 제안한 시기가 2036년이다. 그렇다면, 굳이 지금 시점에서 입법까지 할 필요가 있느냐는 지적이 나온다.

또 일부에서는 굳이 자동조정장치가 필요하다면, 매년 국가가 보전금으로 11조 원을 쏟아붓는 공무원·군인연금부터 적용해 보라고 한다.

01

보험료율 인상

국민연금 재정안정화에서
보험료 인상의 역할과 비중

보험료 인상은 국민연금 재정안정화에 어떤 역할을 할까? 결론부터 말하자면, 보험료 인상은 그 자체보다 기금 수익금을 키우기 위한 종자돈(seed money)으로써의 역할이 더 크다.

먼저, 다음의 표는 현행 9% 보험료율을 계속 유지할 경우, 앞으로 보험료 수입과 연금 지출의 격차가 얼마나 커지는지 보여준다. 2030년에는 △6조 원이지만, 2040년 △70조 원 → 2050년 △134조 원 → 2060년 △197조 원 → 2070년 △347조 원 → 2080년 △512조 원 → 2090년 △778조 원 등으로 기하급수적으로 커진다. 이런 상태에서 보험료 인상만으로 이 적자를 메우려면, 보험료율을 지금 당장, 그것도 한 번에 18% 수준까지 올려야 한다고 한다. 이것은 비현실적인 시나리오다.

(단위 : 조 원)

구분	2030	2040	2050	2060	2070	2080	2090
보험료 수입	76	102	124	145	178	216	287
연금 지출	82	177	321	492	690	897	1,065
차이	△6	△75	△197	△347	△512	△681	△778

그러면, 이 적자를 어떻게 메워야 하나? 보험료율을 적정한 수준으로 인상하는 외에, 기금 수익금을 크게 늘리고, 국가로부터 재정 지원도 받아야 한다. 그러나, 현재 약 1,200조 원에 이르는 적립 기금이 쌓여 있는 상태이므로 지금부터 국가로부터 직접적인 보전금을 받는 것은 타당하지 않다. 그렇다면, 지금은 결국 보험료와 기금 수익금에 의존하는 수밖에 없다.

혹자는 보험료 인상 대신 기금 수익금만 늘리면 되지 않느냐고 말하기도 한다. 그러나 이건 더욱 비현실적인 이야기다. 2040년을 정점으로 기금 적립금(투자 원금)이 빠르게 줄어들다가 불과 15년 만인 2056년에 소진하므로, 아무리 수익률을 올리려 해도 수익금이 사라지는 것을 피할 수 없다.

(단위 : 조 원)

구분	2030	2040	2050	2060	2070	2080	2090
기금 수익금 (적립금)	66 (1,494)	83 (1,882)	56 (1,207)	- (-)	- (-)	- (-)	- (-)
연금 지출	82	177	321	492	690	897	1,065
차이	△16	△94	△265	△492	△690	△897	△1,065

그런데, 보험료 인상으로 적립금이 커지면 이야기가 전혀 달라진다. 이제는 수익금이 커진다. 다음의 표를 보면 최근 10여 년간 적립금 증가에 따라 수익금이 얼마나 커졌는지 잘 보여주고 있다. 2013년 한 해에 보험료 수입 31.9조 원, 수익금이 16.6조 원이었는데, 매년 적립금이 커짐에 따라 수익금 비중이 커져 2023년에는 보험료 수입 58.4조 원, 수익금이 126.7조 원이 되었다. 이번에 연금개혁으로 보험료를 인상하면 앞으로 적립금이 더욱 커지기 때문에, 이에 따라 수익금은 지금보다도 더 많아질 것이다. 즉, 보험료 수입만으로는 연금재정 적자를 감당할 수 없었으나, 이제는 보험료 수입의 두 배가 넘는 수익금이 매년 합쳐지기 때문에 연금재정 적자의 상당 부분을 메울 수 있다.

(단위 : 조 원)

구분	2013	2015	2017	2019	2021	2023
총수입	48.5	58.1	83.0	121.2	144.7	185.1
보험료 수입	31.9 (65.8%)	36.4 (62.6%)	41.8 (50.4%)	47.8 (39.4%)	53.5 (36.9%)	58.4 (31.5%)
기금 수익금	16.6 (34.2%)	21.7 (37.4%)	41.2 (49.6%)	73.4 (60.6%)	91.2 (63.1%)	126.7 (68.5%)
적립금 (투자원금)	427.9	512.3	621.6	736.6	948.7	1,035.8

한편, 앞으로 보험료가 인상되면, 늘어나는 총수입 중에서 보험료와 수익금이 차지하는 비중이 각각 얼마나 될까? 이것도 앞의 표(과거 추세)를 참조하면 된다. 2013년부터 2023년까지 총수입이 48.5조 원에서 185.1조 원으로 약 3.8배 커졌는데, 보험료와 수익금이 2013년에 65.8%(31.9조 원)와 34.2%(16.6조 원) 비중이었던 것이, 2023년에는 각각 31.5%(58.4조 원)와 68.5%(126.7조 원) 비중이 되어 완전히 정반대의 모습으로 바뀌었음을 알 수 있다.

이러한 추세는 앞으로도 지속될 것이다. 즉, 이번에 보험료를 인상하면, 늘어나는 총수입 중 보험료 비중이 30~40%, 그리고 수익금 비중이 60~70% 정도 될 것으로 전망된다. 이는 국민과 기업에 큰 이익이다. 이제 보험료 인상은 '부담'이 아니라 '투자'이고, 이런 방식(캐나다의 개혁 모델이다)을 통해 미래 국가재정 지원에 의존하지 않고도 기금 고갈 시기를 최대한 연장하는 것이 가능해진다. 후세대에게 연금 급여 비용을 넘기지 않아도 된다는 말이다.

다음은, 보험료율 인상 자체와 관련된 다른 쟁점들, 즉 우리나라 국민연금의 보험료율이 다른 나라들에 비해 얼마나 낮은지? 얼마나 올리면 되는지? 이렇게 올리면 실제 국민 부담은 얼마나 늘어나는지? 보험료 인상이 2030에게 유리한지, 불리한지? 보험료 인상 부담을 완화하는 방안은 없는지? 등등에 대해 하나씩 살펴본다.

현행 국민연금 보험료율 9%는 너무 낮다!

① 외국과 비교

OECD 회원국 평균 보험료율이 18.3%이므로, 우리는 딱 절반 수준이다. 국가별로는, 독일 18.6%, 프랑스 27.8%, 캐나다 11.9%, 영국 25.8%, 네덜란드 18%, 일본 18.3%, 스웨덴 18.5%, 이탈리아 33% 등이다. 우리나라의 9% 보험료율은 1998년 이후 27년째 고정되어 있다.

② '필요 보험료율'과의 격차

제5차 재정추계위원회는 현행 소득대체율 40%를 유지하는 상태에서 재정 목표(2093년 현재 적립배율 1배 유지)를 달성하기 위한 필요 보험료율을 산출했는데, 당장 17.9%까지 인상해야 한다고 밝힌 바 있다.

③ '수익비' 측면

현재 국민연금의 수익비 평균은 2.2이고, 고소득자도 1.5 정도 된다. 현재 국민연금법상 40년 가입 기준 소득대체율 40%를 보장하려면 보험료율이 20% 정도 되어야 한다고 한다. 현재는 9%만 내고 있다.

④ '기초연금' 고려

국민이 기초연금을 무기여(no contribution)로 받는 점도 생각해야 한다. 우리나라 기초연금의 재원은 국가와 지방자치단체의 일반재정으로 충당한다. 이에 비해 일본 국민은 '기초연금'을 받기 위해 정액 보험료의 1/2을 부담하고 있다.

보험료 인상하지 않으면,
미래세대가 더 부담해야 한다!

언젠가, 누군가는 더 부담해야 하는데, 보험료 인상을 미룰수록 2030과 미래세대가 더 부담한다. 현재 보험료 인상에 가장 반대하는 세대가 2030인데, 이제 생각을 바꾸어야 한다.

보험료 인상을 계속 반대하겠다는 것은 4050이 납부자 신분에서 벗어날 때까지 그냥 지켜보겠다는 말이나 다름이 없다.* 그분들이 납부했어야 할 몫까지 나중에 2030이 떠안겠다는 건가? 아니면, 그들의 자녀세대에게 다시 떠넘기겠다는 말인가? 이는 '폭탄 돌리기'다. 결국 보험료는 언젠가 크게 오를 수밖에 없다.

---

* 1차 베이비붐 세대(1955~1963년생) 705만 명, 2023년에 국민연금 既 졸업. 2차 베이비붐 세대(1964~1974년생) 954만 명, 아직 50대 중반으로 국민연금 납부자 신분

보험료 인상에 대한 기업 측 입장도 고려해야 한다!

2024년 2월 한국경영자총협회(경총)는 '5대 사회보험 국민 부담 현황과 정책 개선과제'라는 보고서를 통해, 기업이 법정 퇴직급여(월 8.3%)를 전액 부담하고 있는 상황에서, 투자와 고용을 유지하며 연금 보험료를 추가 지불할 여력은 부족하며, 다만, 기업의 부담 총량을 늘리지 않는 범위 내에서 연금 보험료 인상을 검토할 수 있다는 의견을 밝혔다. 기업 측의 주장이 단순히 엄살이라고 보기는 어렵다.

따라서, 이번 국민연금 개혁으로 보험료를 인상하더라도 기업 측의 부담이 과중해지지 않도록 보완 대책을 강구하는 것이 필요하다. 그러한 방안 중 하나가 '퇴직금 전환금 제도'를 활용하는 것이다.

기업 측도 보험료 인상에 대해 무조건 반대하는 자세를 취할 일이 아니다. 지금 보험료율을 인상하지 않으면, 언젠가는 기업도 보험료를 더 내야 하고, 또 기금이 고갈되면 막대한 국고 투입을 피할 수 없는데, 기업이 내는 법인세 등이 세금의 큰 비중을 차지하는 점을 고려하면, 근로자와 함께 지금 보험료를 더 내는 편이 낫다.

또 국민연금이 강화되면, 근로자의 노후 준비가 튼튼해짐에 따라 생산성이 제고되는 효과가 있고, 연금은 대부분 노년층의 소비 확대로 이어지므로 기업의 영업이익이 확대되는 측면도 있다.

**이번에 13%까지,
다음에(2035년경) 추가로 15%까지 인상하면,
기금 고갈 불안에서 벗어날 수 있다!**

일부 연금 전문가들이 모수개혁만으로는, 즉 보험료율을 웬만큼 올려도 기금 고갈을 막을 수 없다고 말한다. 그들이 그렇게 주장하는 근거는 보험료율을 아무리 올려도 인구 구조가 극단적으로 악화하기 때문에 감당할 수 없다는 것이다. 국민연금 수급자는 급증하는 데 비해, 출생아 수가 급감하는 상황에서는 보험료율 인상 등 백약이 무효라는 것이다.

그런데, 필자가 앞서 밝힌 대로 2080년이 지나면 인구 구조가 안정화되고, 다시 한 세대인 30년이 지나 2105년경이 되면 연금 수급자 수와 보험료 납부자 수가 비슷하게 된다. 이분들은 이러한 측면을 놓치고 있는 것 같다.

결론은 2105년까지만 기금 고갈을 늦추면 된다. 그리고, 여기에 맞추어 필요한 보험료율이 얼마나 되는지만 계산하면 된다. 현재 2056년에 기금이 고갈되는 것으로 나와 있으니, 50년을 추가하면 되는 것이다.

"이번 국민연금 개혁에서 1차로 13%까지 인상한 후, 10년 뒤인 2035년경 2차로 15%까지만 인상하면 된다. 그 이상은 올리지 않아도 된다."

이 추산은 향후 80년을 전망하는 것이어서 오류의 가능성은 언제든지 열려 있다. 그러나, 큰 틀에서 볼 때 이 추산에서 크게 벗어나지 않을 것으로 본다. 만일 이 전망이 빗나가는 일이 생긴다면? 그 경우에는 그때그때의 상황 변화에 맞추어 '미세조정'을 해나간다면, 목표 연도인 2105년까지 기금 유지는 가능할 것으로 보인다.

보험료율 인상 상한 15%, 「국민연금법」에 미리 못 박자!

이러한 입법 예는 독일과 일본에서 볼 수 있다. 독일은 재정의 지속 가능성을 위해 '자동안정장치'를 도입하면서, 보험료율 상한을 최대 22%로 고정했다(독일 연금법 제154조 3항 : 일반 연금보험에서 기여율은 2030년까지 22%를 초과하지 않아야 한다). 일본도 2017년부터 18.3%로 고정하는 내용을 「후생연금법」에 명시하고 있다.

보험료 인상은 빠를수록 좋다!

경제 활동 인구가 다 빠져나간 후에 보험료를 올리면 무슨 소용이 있겠는가? 베이비붐 세대의 가장 막내인 1974년생이 벌써 51세다. 이들이 추가로 납입할 수 있는 시간도 이제 9년밖에 남지 않았다.

지금 경제가 어렵기 때문에 여건이 좀 나아졌을 때 올려도 되지 않나? 생각할 수도 있지만, 그럴 여유가 없다. 국내 자산시장에 국민연금發 리스크가 곧 현실화한다. 한국경제 신문의 2024년 6월 10일자 보도 내용 중 일부다.

"국민연금이 국내 증시에서 자산 매각을 염두에 둘 수밖에 없는 상황이 다가오고 있다. 기금 성장세가 주춤해지면서 3년 뒤엔 2027년에 투자수익 일부를 헐어야 한다. 이에 따라 기금운용위원회는 5월 31일 회의를 열고 기존 14.2%이던 국내 주식 비중을 2029년까지 13%로 낮추기로 했다."

보험료 인상을 미루고 미루었던 後果 중 가장 좋지 않은 상황을 곧 맞이하게 된다는 뜻이다. 수익률은 높지만, 초장기 투자를 필수적으로 요구하는 인프라, 사모, 벤처펀드 등 해외 대체투자 분야에서도 국민연금은 서서히 철수해야 할지도 모른다.

국민연금 재정계산전문위 전병목 위원장은 "재정추계에 활용된 수익률(연 4.5%)은 기금이 경제에 미칠 영향을 반영하지 아니한 기술적 추계"라고 말했다. 보험료 인상을 피할 수 없다면, 이왕이면 빠를수록 좋다.

보험료 인상은 2030에게 오히려 유리하다!

보험료 인상은 납부 기간이 많이 남은 2030에게 불리하다? 그렇지 않다. 보험료 인상은 2030에게 오히려 혜택이 될 수 있다.

먼저, 4050 등 중장년층 인구가 2030보다 많고, 소득 수준도 높으므로 같은 보험료율로 올리더라도 4050이 보험료를 훨씬 많이 내게 된다(현재 연금 보험료 총액의 약 65% 정도를 4050이 부담하고 있음).

두 번째, 4050과 2030이 내는 보험료를 재원으로 국민연금공단(기금운용본부)이 국내외 투자를 통해, 보험료 수입의 두 배에 이르는 수익금을 창출한다.

세 번째, 4050이 보험료 더 낸다고 연금 급여를 더 받아 가지도 않는다. 연금 급여 수준은 보험료와 상관없이 '소득대체율'에 따라 정해지기 때문이다. 따라서, 4050이 더 내는 보험료 수입+수익금 증가분까지 합쳐져 적립 기금에 그대로 쌓이게 되고, 이는 2030에게 이전된다.

"보험료 인상은 베이비붐 세대가 2030에게 주는 마지막 선물!"

4050도 손해만 보는 것이 아니다. 이번에 국민연금 개혁을 하면서 소득대체율을 인상하고, 기초연금도 40만 원으로 인상하며, 퇴직연금 등 다른 소득 보장 강화에 따른 혜택들도 추가되므로 4050도 '더 내고 더 받는다'.

보험료율 인상하면
실제 부담은 얼마나 늘어날까?

보험료율을 13%까지 인상하면, 국민의 보험료 부담은 실제로는 얼마나 늘어날까? 국민연금 보험료를 납부하고 있는 '소득 신고자'가 2024년 9월 현재 총 1,844만 명인데, 이 중 보험료의 1/2을 사용자가 내주는 '사업장 가입자'가 1,468만 명으로 80%의 비중을 차지하고 있고, 본인이 전액 부담하는 '지역가입자'는 376만 명으로 20% 비중이다.

보험료율을 4%p 인상하더라도 가입자의 80%는 실제 부담이 2%p라는 말이다. 또 2%p를 8년에 걸쳐 올린다면 직장인의 연간 인상률은 0.25%p에 불과하다(2021~2023년 연평균 임금 상승률 4.2%의 1/16). 월 소득 350만 원의 직장인이라면, 추가 부담이 월 8,750원이다(350만 원×0.25%p=8,750원).

지역가입자는 4%p 전액 본인 부담이므로 큰 부담이 될까? 그렇지 않다. 이들의 평균 신고 소득이 낮기 때문이다(월 150만 원 이하인 것으로 알려져 있다). 따라서 월 150만 원 소득자라면, 실제 추가 부담은 월 7,500원에 그친다.

보험료 인상 부담 완화방안

"퇴직금 전환제 도입!"
"지역가입자 보험료 지원!"

근로기준법에 따라 사용자가 1년에 1개월 치에 해당하는 급여(월 8.33%로 환산됨)를 의무적으로 적립하도록 하고 있는데, 근로자가 희망하는 경우 이 중 일부를 국민연금 보험료로 전환하여 납부하도록 하자는 것이다. 이렇게 하면 보험료 인상이 부담되는 근로자들은 부담을 덜 수 있고, 기업도 부담을 줄일 수 있다. 경총에서도 이 제도 도입을 강하게 원하고 있다.

이 제도는 과거에 이미 시행한 前例가 있다. 다음의 표에서 보듯이 1993년부터 국민연금 보험료율이 3%에서 6%로 인상될 때 이 중 2%p를 퇴직급여 부담금에서 전환하여 납부하도록 한 것이다. 1998년에 다시 9%로 인상될 때에도 3%p를 전환, 납부토록 했다.

<퇴직전환금 제도 시행 前例> (단위 : %)

기간		'88~'92	'93~'97	'98~'99	'99. 4. 이후
사업장 가입자	계	3.0	6.0	9.0	9.0
	기여금	1.5	2.0	3.0	4.5
	부담금	1.5	2.0	3.0	4.5
	퇴직전환금	-	2.0	3.0	-

따라서, 이번에 보험료율을 4%p 인상하면서 이 제도를 재도입하자는 것이다. 그때와 다른 점은, 당시에는 모든 근로자를 대상으로 '획일적, 의무적'으로 전환하도록 했다면, 이번에는 근로자의 선택에 따르게 하고, 전환 비율도 근로자가 정하도록 한다. 이렇게 하면 노동조합도 반대하기 어려울 것이다.

두 번째, '지역가입자'의 부담을 줄여줄 필요가 있다. '지역가입자 보험료 지원제도'가 이미 시행되고 있는데, 이번에 연금개혁을 하면서 지원 대상과 지원 금액을 확대하는 방안을 적극 검토해야 한다.

02
국민연금기금 활용

"황금알을 낳는 거위!"
"연평균 기금운용 수익률 6%!"

우리나라 국민연금기금은 2024년 말 현재 1,213조 원의 적립금을 보유하고 있다. 일본의 공적연금(GPIF), 노르웨이의 국부펀드(GPFG)에 이어 세계 3대 연기금으로써 입지를 다지고 있으며, 글로벌 자본시장에서 큰 영향력을 행사하고 있다.

미국 뉴욕 투자은행(IB)의 한 관계자는 "NPS(National Pension Service: 한국의 국민연금기금운용본부)가 현지 운용사를 소집할 때 대부분이 참석하는 편"이라며 "NPS의 바게닝 파워(협상력)는 상상 이상으로 크다"라고 말했다(매일경제, 2024. 6. 28.).

필자도 2024년 8월 싱가포르 GIC(우리의 기금운용본부에 해당)를 방문한 적이 있었는데, 이때 참석한 이 기관의 고위 관계자 및 전문가들은 "한국 국민이 자국의 국민연금에 대해 저평가하는 것 같지만, 정작 여기 싱가포르뿐만 아니라 홍콩, 유럽, 미국 등 글로벌 시장에서는 한국의 국민연금에 대해 그 실력을 충분히 인정하고 있다"고 말했다.

국민연금 재정안정화에서
기금의 역할이 매우 중요하다!

"초고령화가 급속도로 진행되는 시기에는 '여유 재원'을 충분히 갖고 있어야 하는데, 그게 바로 기금이다."

기금은 국민에게 연금을 안정적으로 지급하기 위한 '거대한 국민통장'이다. 이 통장이 풍부하면 모든 세대가 연금을 평생 받는 데 크게 안심이 된다.

"기금운용본부는 약 738조 원의 수익금을 창출했다!"

이 사실을 아는 국민이 많지 않다. 1988년 국민연금제도 시행 이후 2024년 말까지 보험료 총수입이 약 860조 원이고, 연금 급여 지출이 약 385조 원이었으므로, 만일 수익금이 없었더라면 현재 국민연금기금 통장에는 475조 원밖에 남아 있지 않았을 것이다. 그런데, 국민연금공단(기금운용본부)이 그간 활발한 국내외 투자를 통해 738조 원을 벌어들인 덕택으로 2024년 말 현재 통장에는 약 1,213조 원의 돈이 쌓였다.

"1,000조 원이 넘는 기금이 보험료로만 쌓인 건 아니죠. 쌓인 돈의 절반가량은 사실은 기금운용 수익률에서 나온 거예요. 결국, 우리가 보험료를 내고 나중에 은퇴한 다음에 연금 급여를 받아가는 것은 내가 낸 보험료하고, 기금운용 수익률로 쌓인 기금에서 일부를 받는 그런 구조가 됩니다. 이게 우리나라 연금에 기금이 존재하는 이유입니다." (KAIST 김우창 교수)

"기금의 역할은 앞으로가 진짜 중요하다!"

보험료 수입과 연금 지출 사이의 격차가 앞으로 기하급수적으로 커지는데, 보험료 인상만으로는 감당할 수 없고, 이 갭을 메우는 데 기금 수익금이 더 큰 역할을 담당한다고 앞서 말했다. 2023년 수익금이 127조 원이었는데, 2024년에도 약 159조 원의 수익금을 창출했다. 비결이 무엇일까?

기금운용본부에 세계 최고의 투자 전문가들이 모여 있어서 그런가? 아니다. 비결은 '투자 재원의 규모'와 '투자할 수 있는 기간'이다. 거대 기금은 투자 기회가 무척 넓다. 고수익이지만 엄청난 자금이 필요한 분야에 투자할 수 있고, 분산투자도 가능해 손실 위험을 줄일 수 있다. '투자 기간'도 수익률에 큰 영향을 미친다. 국민연금과 같은 글로벌 거대 기금은 초장기로 투자할 수 있는데, 이는 높은 수익률로 이어진다.

"이런 흐름은 언제까지 지속 가능할까?"

보험료를 올리지 않아도 이 흐름은 일단 2040년까지는 지속될 수 있다. 하지만, 거기까지다. 2040년에 적립금이 1,882조 원으로 정점을 찍고 그 이후에는 급격하게 감소하기 때문이다. 매년 상당한 규모의 수익금을 창출할 수 있는 기회도 15년밖에 남지 않았다는 뜻이다. 그런데, 이번에 국민연금 개혁에 성공하고 보험료율을 올리면 상황은 반전된다. 이번에 1차로 보험료율을 13%까지 인상하면 '기금 성장기'가 40년으로 늘어날 것으로 전망되며, 이에 따라 수익금도 매년 더 많이 창출할 수 있게 된다.

"앞으로 총수입에서 보험료보다 수익금 비중이 더 커진다!"

보험료가 인상되면, 보험료 비중 30~40%, 수익금 60~70%의 비중으로 총수입이 늘어날 것이라고 앞서 밝힌 바 있다. 최근

2013~2023년의 추세가 그러했으므로 앞으로도 그럴 것이라고 전망한 것이다. 여기에서는 작동원리에 대해 좀 더 깊이 있게 분석한다.

첫째, 보험료 인상분이 기존의 '거대 기금'에 편승하는 효과를 얻을 수 있다. 국민연금은 매년 적립금이 커지면서 약 1,200조 원에 이르렀고, 이에 따라 '88년부터 지금까지 37년간 연평균 6%대의 수익률 성과를 거둘 수 있었다. 이번에 보험료가 인상되면 약 1,200조 원의 '거대 기금'에 편승할 수 있으므로 신규 보험료 수입분이 연 6%대 수익률로 수익금을 계속 창출해 낼 수 있는 것이다. 만일, 보험료 인상분만 따로 투자한다면 아마도 현재 퇴직연금 수익률 정도인 2%대의 수익률밖에 내지 못할 것이다. 현재 국회에는 '퇴직연금 사업자에 국민연금을 참여시키자'는 법률 개정안이 다수 발의되어 있다. 근로자들이 낸 보험료를 기존의 거대 기금인 국민연금 적립금에 편승시켜 국민연금의 6%대 수익률 제고효과를 함께 누리도록 하자는 취지다. 같은 원리다.

둘째, 막대한 '기회 수익'을 얻을 수 있다. 보험료를 인상하지 않고 이대로 가면 적립금이 급속히 줄어들고, 수익금도 같이 사라지지만, 보험료가 인상되면 적립금이 오히려 확대되고, 없어질 뻔했던 전체 적립금도 다시 살아나 여기에 대해서도 6%대의 수익률로 막대한 수익금이 계속 창출될 수 있다. 이 두 가지 효과가 합쳐지므로 수익금 비중이 60~70%가 될 수 있는 것이다.

"수익금 중 절반 이상이 해외 수익금이다!"

국민과 기업에 정말 좋은 점 한 가지가 더 있다. '88년~'24년 말까지의 수익금 738조 원 중 해외 투자를 통해 얻은 수익금이 404조 원을 넘어, 55%의 비중을 차지했다. 최근에는 2023~2024년 2년의 수익금 286조 원 중 해외 수익금이 무려 225조 원, 79%의 비중을 차지했다. 지난해 미국 주식 수익률이 워낙 좋았고, 환율 인상 효과까지 겹친 측면이 있긴 하지만, 국민연금의 해외 자산 비율을 계속 확대하는 추세이므로, 앞으로도 전체 수익금 중 해외 수익금 비중이 적어도 60%는 넘을 것으로 전망된다.

이는 또 다른 측면에서 국민과 기업에 커다란 이득을 가져다준다. 우리 국민과 기업의 호주머니에 연금 급여 비용을 의존하는 것이 아니라, 해외 투자를 통해 벌어들이는 수익금으로 국내 국민에게 연금으로 지급하는 것이기 때문이다. 해외에서 벌어 국민연금기금 고갈 시기를 최대한 연장하고, 국민과 기업의 보험료 인상 부담을 최소화하며, 미래 국가재정도 크게 아낄 수 있는 것이다.

"해외 사례는?"

캐나다가 이런 방식으로 재정안정화에 성공한 대표적인 사례이다. 캐나다는 1997년 개혁으로 보험료율을 5.6 → 9.9%로 올리면서 대대적인 운용개혁에 나선 결과 연평균 10%대에 가까운 수익률 성과를 거두었다. 캐나다는 국가재정에 의존하지 않고, 보험료와 수익금만으로 기금 고갈 시기를 연장하고 있다. 노르웨이 국부펀드(GPFG), 네덜란드(ABP), 미국 캘리포니아 공무원연금(CalPers)도 이와 유사한 전략을 채택하고 있다.

이에 반해, 우리나라 공무원연금과 독일 공적연금은 다른 길을 걸었다. 수익금을 늘릴 수 있는 기회를 살리지 못한 결과, 현재 높은 보험료율(18%)과 엄청난 국고 보전금으로 재정을 운영하고 있다.

거대 기금을 활용하지 못한 최악의 사례는 칠레다. 거대 기금을 조성해 상대적으로 높은 수익률을 얻기보다, 민영화를 통해 기금을 잘게 분산한 후 다수 민간 자산운용회사(AFP: Administradoras de Fondos de Pensiones) 등의 경쟁원리에 기금운용을 맡긴 결과, 낮은 수익률로 이어졌고, 결국 칠레 국민은 민영화 이전에 비해 크게 낮아진 연금을 손에 쥐게 되었다.

국민연금기금 운용 성과 및 향후 목표

"We Invest Today for People's Better Tomorrow!"

국민연금공단 기금운용본부의 '캐치프레이즈'다. 어려운 여건 속에서도 우리 기금운용본부가 낸 성적은 일단 놀랍다. 2023년 한 해 동안 기금운용본부는 13.59%의 운용 수익률(금액 가중 수익률 기준)을 기록했다(시간 가중 수익률은 14.14%).

2023년의 수익률을 자산별로 보면, 국내 주식 22.12%, 해외 주식 23.89%, 국내 채권 7.40%, 해외 채권 8.84%, 대체투자 5.80%이었다. 2024년에도 기금운용 성과는 계속되었다. 잠정 집계 결과 한 해 수익금 159조 원을 달성했으며(해외 수익금 153조 원), 수익률은 15%를 기록했다.

"해외 글로벌 연기금과 비교하면 아직 미흡!"

복지부 산하 기금운용발전 전문위원회에서는 국민연금기금을 peer 그룹(美 뮤추얼 펀드 등)과 비교할 때, '위험 대비 성과는 우수한 수준이나, 보수적 운용의 결과로 절대 수익률은 글로벌 연기금 대비 아쉬운 수준'이라고 평가한 바 있다. 이에 따라 자산군 다변화 및 위험 수준의 상향 등 적극적인 투자정책에 나설 것을 주문했다.

1988년 기금설립 이후 2023년 말까지 국민연금기금의 누적 연평균 수익률은 6.1%에 이르러 글로벌 연기금 중 중간 정도의 성적을 냈다. 전문가들은 크게 걱정할 상황은 아니라고 말하고 있다.

<글로벌 연기금 수익률 비교>

구분	국민연금 (한국)	GPIF (일본)	GPFG (노르웨이)	ABP (네덜란드)	CalPERS (미국)	CPPI (캐나다)
2023년 수익률	14.14% (3)	18.07% (1)	16.14% (2)	9.30% (5)	10.34% (4)	6.33% (6)
10년간 수익률	5.66% (5)	5.76% (4)	6.71% (2)	5.33% (6)	6.47% (3)	9.35% (1)
기금본부 출범 이후 ('00~'23)	6.1% (3)	3.9% (6)	5.6% (4)	5.3% (5)	6.4% (2)	6.6% (1)

"현행 기금 수익률 6% 수준, 앞으로도 유지해야 한다!"

보험료 인상과 함께 기금 수익률 현행 6% 수준을 계속 유지하면 국민연금의 장기적 재정안정화를 이룰 수 있다. 앞으로도 이것이 가능한가?

사실, 지금까지의 수익률 6%는 상대적으로 안전한 자산운용으로 실현한 것이다.* 앞으로 적립금 규모가 더욱 커지고, 운용 인프

---

* 지난 5년간(2019~2023) 기금운용본부의 자산군별 수익률은 국내 주식 8.9%, 해외 주식 14.0%, 국내 채권 1.1%, 해외 채권 3.7%, 국내대체 9.1%, 해외대체 9.8%였다.

라의 개선 및 보다 유연한 운용 전략의 실행 등이 추가되면 최소한 현행 6%대 수익률을 계속 내는 것은 그리 무리한 목표가 아닐 것이며, 하기에 따라서는 추가적인 수익률 제고도 가능할 것으로 전망된다.

정부도 '기준 포트폴리오'를 본격 시행하고, 투자 다변화를 통한 다양한 수익 원천 발굴 및 수익률 높은 해외 및 대체투자의 지속 확대, 그리고, 우수한 투자 전문인력의 확보와 해외 사무소 확대 등 투자 역량 강화로 국민연금 수익률을 제고한다는 계획이다. 또 캐나다 등 글로벌 연기금도 장기적 목표 수익률을 7~8% 내외로 잡고 있다.* 그렇다면, 우리 국민연금이라고 7~8%대 수익률의 예외라고만 할 수 있는가?

추가적인 수익률 제고를 위한 노력

① 운용 인프라의 혁신

캐나다 CPPI의 전체 직원 수는 2,140명으로 우리나라 기금운용본부 470명의 약 4.5배다. 운용 규모는 캐나다(약 700조 원)가 우리(약 1,200조 원)보다 약 500조 원 적다. 직원 1인당 운용 규모가 CPPI

---

* 캐나다 CPPI법에는 '과도한 손실 위험을 지지 않는 범위 내에서 최대한의 수익률을 올리기 위해 투자할 것을 규정하고 있다(mandate: to invest the assets of the CPP Fund with a view to achieving a maximum rate of return without undue risk of loss).

가 3,270억 원인 데 비해, 우리 기금운용본부는 1인당 2조 5천억 원이다. 7.8배다.

해외 사무소에서도 큰 차이가 난다. CPPI는 토론토에 본부를 두고, 미국(뉴욕·샌프란시스코), 남미(상파울로), 유럽(런던·룩셈부르크), 아·태 지역(홍콩·뭄바이·시드니) 등 전 세계에 걸쳐 8개소인 데 비해, 우리는 뉴욕·샌프란시스코(2024년 8월에 개소했다)·싱가포르·런던 등 선진국 중심으로 4개소에 불과하다.

우리 기금운용본부도 수익률을 더 높이려면 직원 수도 대폭 늘리고, 보수도 인상해 주어야 한다. 특히, 대체투자 분야는 주식, 채권과는 달리 그 특성상 운용 인력의 품이 많이 드는 특성이 있어서 이것을 빨리 확충해 주지 않는 한, 운용 성과를 기대하기 어렵다(CPPI 대체투자 인력 500명 vs 국민연금 100명 수준).

CPPI는 전 세계에서 최고 인재를 확보하기 위해 뉴욕 맨해튼의 최상급 운용 인력을 채용할 수 있는 정도의 높은 급여를 제공하고 있다. 우리는 아직까지도 '공공기관 운영에 관한 법률'의 적용 대상으로 분류되어 있어, 공무원과 준정부기관 등에 적용하고 있는 '연간 인건비 총 인상률'의 통제를 받고 있는 실정이다.* 국민연금공단

---

* 2018~2023년 기간 중 민간 자산운용업계의 임금 인상률이 22.0%인 데 반해, 같은 기간 기금운용본부는 11.2% 인상에 그침

은 '공운법' 적용 대상으로 두더라도, 기금운용본부에 대해서는 이 법의 적용 대상에서 제외하는 것이 옳다.

기금운용본부 운용직의 평균 연봉은 2024년 기준으로 1억 2,800만 원(기본급 8,600만 원, 성과급 4,200만 원)이고, 대표 직급이라 할 수 있는 '책임 운용역'의 경우에도 1억 3,100만 원에 불과하다. 그런데, 기금운용본부가 2023년 한 해에 국내외 위탁 운용 수수료로 지불한 금액이 총 2조 4,843억 원에 이른다. 이 중 국내 위탁 수수료가 4,469억 원이고, 해외가 2조 374억 원이다. 그렇다면, 위탁 비중을 5% 정도 줄이고, 그만큼 직접 운용 비중을 늘리되, 위탁 수수료에서 5% 절감되는 1,250억 원을 기금운용직 보수 인상 및 해외 사무소 확대 등에 쓸 수 있다면, 추가적인 인건비 예산의 지원 없이 보수 현실화가 가능하다.

마지막으로, 현재 기금운용본부가 전북 전주에 위치하고 있어 우수한 인력 유치에 한계를 나타내고 있다. 거꾸로 기존의 베테랑 인력들이 매년 떠나고 있다('21년 26명, '22년 25명, '23년 30명 등). 공공기관 지방 이전 차원에서 서울로 다시 이전하는 것이 어렵다면, 최소한 서울 근무 환경을 대폭 개선해야 한다.*

---

* 우리나라 국부펀드를 운용하기 위해 기재부 산하에 「한국투자공사(KIC)」라는 기관이 있는데, 운용 자산 규모가 265조 원으로 국민연금의 5분의 1을 조금 넘는 수준이다. 서울 명동에 본사가 있고, 해외 사무소도 뉴욕·런던·싱가포르·샌프란시스코·뭄바이 등 5개소를 보유하고 있다.

② '기준 포트폴리오' 실행
: 수익률 제고를 위한 새로운 전략

국민연금기금은 장기 투자가 중요한 만큼 수익률 제고를 위해 해외 투자와 대체자산 투자를 확대하며 투자 포트폴리오를 다양화하고 있다. 한 연기금 전문가는 "연기금 수익률의 90% 이상은 자산의 수익률·리스크 특성에 따라 포트폴리오를 구성하는 전략적 자산 배분에 좌우된다"라고 말했다.

2024년 6월 기금운용위원회에서 '기준 포트폴리오'의 도입 안건이 통과되었다. '기준 포트폴리오'는 '위험자산 투자' 및 '운용상 유연성 확보'를 통해 운용 수익률을 제고하되, 과도한 위험에 노출되지 않는 전략을 의미한다.[*]

캐나다 CPPI, 싱가포르 투자청(GIC) 등 세계 유수한 기금에서도 이미 채택하고 있다.

---

* 기준 포트폴리오 : 연금재정 위험을 최소화하면서 기금의 목표를 달성할 수 있는 단순 저비용의 패시브 포트폴리오 또는 자산군의 조합

국민연금은 국내 증시의 안전판

2024년 초 금융당국을 중심으로 '기업 밸류 업 프로그램'이 발표된 바 있다. 일명 '코리아 디스카운트'로 불리는, 주식 저평가의 한 원인으로 지목되고 있는 후진적 기업 지배 구조 및 낮은 주주 환원율 문제를 개선할 필요가 있는데, 이를 위해 국민연금의 스튜어드십 코드 등의 역할이 중요하다는 것이다.

국민연금은 2024년 자산군별 목표 비중에서 국내 주식을 15.4% 정도를 설정하고 있고(해외 주식 : 33%), 국내 상장사 281곳의 지분 5% 이상을 갖고 있다. 「한국 기업 거버넌스 포럼」 이남우 회장은 "일본의 공적연금(GPIF)이 맏형 역할을 하며 도쿄 증시를 높이는 데 기여했다는 점에서 국민연금도 비슷한 역할을 할 수 있을 것"이라고 말했다(서울경제, 2024. 5. 16.).

외환시장 불안의 방패막이!

국민연금은 현재 한국은행과 '통화 스와프 협정'을 맺고 있고, 원화 가치 급락 등 외환시장의 불안이 발생할 때 국민연금이 보유한 달러(약 5,000억 달러) 중 일부를 한국은행에 매도함으로써 원화 가치의 급락을 막는 데 일조를 하고 있다.

한국은행 이창용 총재는 한 언론과의 인터뷰에서 "국민연금의 해외 투자 규모가 커져 외환시장 영향력이 크게 증대했다. 거주자 해외 투자에서 국민연금이 차지하는 비중은 2023년 69%까지 상승했다"면서 "국민연금의 해외 투자 전략 수립 시 외환시장에 미치는 거시경제적 영향도 고려할 필요가 있다"고 말했다.

국민연금은 이러한 역할 외에도, 국제 헤지펀드의 국내 기업을 노린 경영권 공격에 대해 방어 역할을 수행할 수 있고, 기업의 미래 먹거리를 위한 장기적 투자 자금 및 저출산·고령화 대응을 위한 '사회 투자' 재원으로도 활용될 수 있다.

03

국가재정의 활용
: '퓨처펀드' 조성·운영

"국민연금 개혁 성공의 디딤돌!!"
"건전 재정 범위 내에서, 소규모 국가재정 선제적 투자!"

재정안정화 방안 중 마지막 카드! 국가재정의 활용방안에 대해 검토한다. 그간 국민연금 개혁 논의과정에서 국가재정의 활용은 사실상 배제했으나,* 지금은 적극적으로 검토해야 한다. 그래야 이번 국민연금 개혁의 해법이 열리기 때문이다.

---

* 그간 국민연금에 대한 국고 지원에 대해 정부의 입장은 매우 소극적이었다. 국민연금은 가입자가 적정 수준의 책임을 분담하여 재정의 지속 가능성을 높이는 것이 바람직하다고 하면서, 국민연금기금에 대한 직접 국고 지원은 미래세대에 더 큰 부담을 전가하고, 조세도 국민 부담인 점을 감안하여 신중한 검토가 필요하다는 것이다.

이번 개혁의 성공을 위해
국가재정의 선제적 투자는 불가피하다!

엄밀하게 말해 국가재정의 활용은 국민연금 재정안정화 방안이 아니다. 앞서 밝힌 바와 같이, 국민연금의 장기적 재정안정은 보험료 인상(1차 보험료율 13% 및 2차 2035년경 15%까지 인상) 및 기금 수익금 증대(기금 수익률 현행 6% 수준 유지)로 달성할 수 있다. 이 두 가지가 결합하면, 기금 고갈 시기를 최대한 연장(2105년까지 기금 유지)할 수 있고, 미래 국가재정에 의존 또는 후세대에게 연금 급여 비용의 부담을 떠넘기지 않아도 되며, 해외 수익금으로 국내 국민에게 연금을 지급할 수 있어 국민과 기업에도 큰 이득이 될 수 있다. 지금 국가재정이 필요한 이유는 다른 데에 있다.

현재 국민 다수가 원하는 '더 내고, 더 받는' 모수개혁, 즉 보험료를 인상하고, 소득대체율도 올리는 방안을 실현하는 문제에 대해, 연금 전문가 및 정치권 등에서 아직도 돌파구를 마련하지 못하고 있다. 재정안정을 강조하는 측에서는 '더 내기만 하고, 더 받는 것은 양보하라' 주장하고, 소득 보장 강화를 우선하는 측에서는 '더 내고, 더 받는 것이 국민의 뜻이므로 이에 따르라' 요구하면서 서로 샅바 싸움만 벌이고 있다.*

---

* 연금행동은 2025년 1월 22일 국회 소통관에서 남인순·김남희 더불어민주당 의원의 주선으로 '공론화 결과를 반영한 연금개혁 법안 통과 촉구' 기자회견을 열었다. 이날 청년행동도 박수영 국민의힘 의원의 주선으로 같은 곳에서 '거대 야당 주도 포퓰리즘 연금개악 규탄 기자회견'을 열고, 소득대체율을 인상하는 건 미래세대의 월급으로 연금을 나눠주고 표를 파는 것이라고 비난했다. 2025년 1월 23일자 이데일리

왜 이러고 있을까? 원인은, '더 내고 더 받는' 모수개혁이 국민연금의 보장성을 확대하는 장점은 분명히 있으나, 국민연금 재정은 오히려 악화시키는 결정적인 단점을 갖고 있기 때문이다. 개혁을 하지 않고 이대로 갈 경우 미래 보험료율이 34.9%까지 오르지만, '더 내고 더 받는' 모수개혁을 하면 미래 보험료율이 38.1%까지 오르게 된다. 단기적으로 보험료 인상 효과가 먼저 나타나 기금 고갈 시기가 잠시(6~15년) 연장되지만, 장기적으로는 소득대체율 인상이 재정에 미치는 악영향, 즉 '구축효과(crowding out effect)'가 나중에 더 크게 나타나기 때문이다. '연금연구회' 등 재정안정을 강조하는 측에서 '더 내고 더 받는' 방안에 대해 '개혁'이 아닌 '개악'이라고 부르는 이유다.

세대 간 형평성도 크게 해칠 수 있다. 혹자는 "소득대체율이 인상되면 그 혜택을 2030이 더 크게 누리게 된다"고 말하기도 한다. 그래서 2030에게도 이득이라는 것이다. 그런데, 이건 어디까지나 국민연금 재정이 장기적으로 유지된다는 전제조건 위에서만 가능한 이야기다. 기금이 중간에 고갈되어 버리면, 명목상으로 인상된 소득대체율이 2030에게 도대체 무슨 소용이 있겠느냐는 말이다. 결국 4050에게만 '더 내고 더 받는' 개혁이지, 2030에게는 '더 내기만 하고, 덜 받는' 개악이 될 수 있다는 것이다.

상황이 이런데도 양측은 해법을 아직 찾지 못하고 있다. 그리고,

그 이유는 소득대체율 인상에 필요한 재원을 보험료와 수익금만을 놓고 생각하기 때문이다. 이래서는 아무리 머리를 짜내도 답을 찾기 어려우며, 장기적 재정안정과 보장성 강화 중 어느 하나를 포기할 수밖에 없다. 재정안정을 생각하면 소득대체율을 인상하지 말아야 하고, 소득대체율을 인상하려면 재정안정을 양보해야 한다. 서로 상충하는 관계(trade off)를 피할 수 없다는 말이다.

필자가 생각하는 해법은 다음과 같다.

일단, 이번에 보험료를 인상하고, 수익금도 커짐으로써 늘어나는 총수입은 적립 기금에 그대로 쌓아야 한다. 이를 소득대체율 인상 재원으로 다시 꺼내 쓰면 안 되고, 오로지 2030과 미래세대를 위한 자금으로만 남겨놔야 한다.

다음으로, 소득대체율 인상을 위한 다른 재원을 찾아야 한다. 그리고, 그것은 국가재정 지원 외에는 사실상 다른 대안이 없다. 그런데, 이에 필요한 국가재정 규모가 크지 않다! 소규모 국고를 매년 국민연금에 조금씩 투자하고, 공단은 장기간에 걸쳐 6%대의 수익률로 국고보다 훨씬 많은 수익금을 창출한 후, 둘을 합쳐 소득대체율 인상을 위한 자금으로 충당할 수 있기 때문이다. 앞서 보험료 인상분이 6%대 수익률로 수익금을 얻을 수 있는 것과 같은 이야기다. 이렇게 하면, 이제는 재정안정을 전혀 해치지 않으면서도, 소득대체율을 인상할 수 있게 된다.

지금 국민 다수가 원하는 '더 내고, 더 받는' 국민연금 개혁의 성공을 위하여, 그리고 국민연금의 장기적 재정안정과 보장성 강화의 두 가지 목적을 모두 이루기 위해서는 지금 소규모 국고의 선제적 투자는 불가피하다.

국민연금 국고 투입방안에 대한 그간의 논의[*]

2018년에 이루어진 제4차 국민연금 제도발전위원회에서 국민연금의 재정안정을 위해 국고를 투입하는 방안이 제안된 적이 있었다. 적정한 수준으로 보험료를 인상하되, 일정 수준을 초과할 경우 사회적 논의를 거쳐 일반재정을 투입할 수 있다는 것으로, 보험료와 수익금만으로 이루어진 국민연금 재원에 일반재정을 투입할 수 있다는 주장이 처음 나온 것이다.

5년 뒤인 2023년 제5차 국민연금 재정계산위원회에서는 국고를 활용하여 장기적 재정안정화를 도모하는 방안에 대해 좀 더 심층적으로 논의하였다.

---

[*] 국민연금연구원 '연금포럼' 2024년 봄호에 실린 '국민연금에 대한 국고 투입의 타당성 고찰 (성혜영)'을 요약 정리하였다.

첫째, '크레딧' 등 사회적 기여에 대한 국가 차원의 보상 및 저소득층 보험료 지원을 위한 국고 투입이다. 보건복지부가 2023년 10월 국회에 제출한 '국민연금 종합운영계획'에도 출산과 군 복무 크레딧을 사전 국고 지원 방식으로 하고, 지역가입자에 대한 보험료 지원도 확대하는 내용이 담겼다. 다만, 이 방식은 지원 규모가 소극적이고, 국민연금의 제대로 된 소득 보장을 강화하기 위해서는 지나치게 한정적이라는 비판이 제기된다.

둘째, 국민연금의 부과방식 전환 후 '국가 보전금' 명목의 국고 투입이다. 기금이 소진된 후 보험료만으로 급여 지출을 충당하지 못하는 경우 부족분을 국고로 투입하는 것인데, 현재 다수의 유럽 국가들과 우리나라 공무원연금 및 군인연금이 이렇게 하고 있다. 현세대의 비용 부담을 최대한 뒤로 미뤄 후세대에게 2중의 부담(연금 보험료+국민연금 조세)을 지우는 것이다.*

셋째, 국민연금에 국고를 선제적으로 투자해 운용하도록 하여 연금 급여 비용에 충당하는 방식이다. 세대 간 형평성 문제를 발생시키지 않는다.

---

* 사회보험의 재정 악화가 앞으로 더욱 가속화할 것으로 우려되고 있다. 특히 가장 규모가 큰 국민연금이 고갈되는 순간, 천문학적인 규모의 적자보전금이 투입될 수밖에 없을 것이란 전망이 나온다. 2023년 3월 15일자 한국경제신문

'퓨처펀드' 조성 · 운영하자!

언제, 어느 정도의 국고를 투입할 것인지에 대해 네 가지 방안이 있다. 먼저, 현행 보험료율 9%와 국민연금 소득대체율 40% 수준을 유지하고, 국민연금기금이 소진된 이후 사후적으로 부족한 재원을 국고로 투입하는 방안이다. 이 경우 미래에 매년 GDP의 6~7%p 정도의 국고 투입이 필요하다고 한다. 2025년 기준으로 GDP의 6~7%p는 132~154조 원 정도가 된다.

두 번째, 우리나라 공무원연금과 독일 공적연금이 걸어온 길을 국민연금도 걸어가는 시나리오다. 기금이 소진된 이후 사후적으로 국고를 투입한다는 점은 첫 번째와 같지만, 보험료율을 단계적으로 18%까지 인상한다는 점이 다르다. 이 경우 매년 국민연금 급여 지출의 25%를 국고로 투입해야 한다.* 2060년에 123조 원, 2070년에는 172조 원의 국고 투입이 필요하다.

세 번째, 2030년대부터 GDP의 1%p를 투입하는 방안이다. 보험료율을 12%까지 인상하고, 소득대체율은 현행 40%를 유지한다는 조건이다. 이 경우 2025년 기준으로 22조 원의 국고 투입이 필요하다.

---

* 프랑스는 매년 연금 지출의 약 20%, 독일 약 23%(2023년 기준), 스위스 약 20% 등 EU 회원국 평균적으로 연금 지출의 25%를 국고로 지원하고 있다. 우리나라 공무원연금도 매년 연금 지출의 약 30%(8조 원)를 '국가 보전금' 명목으로 투입하고 있다(2025년 예산 기준).

네 번째로, 국민연금 보험료율 1%p에 해당하는 금액을 사전적으로 국고로 투입하는 방안이다. 이 경우 2025년 기준으로 15.5조 원(2025년 국민연금 보험료 수입 62조 원의 1/9)의 국고 투입이 필요하다.

필자는 '퓨처펀드'를 조성, 운영하는 방안을 제안한다. '더 내고 더 받는' 모수개혁(보험료율 13%, 소득대체율 42~50%까지 인상) 성공을 위해, 매년 정부 예산의 0.2~1%p(2025년 기준 1.4~6.7조 원)를 보험료 인상 시기에 맞추어 국민연금공단(기금운용본부)에 보조금으로 지원한다. 공단은 이를 재원으로 매년 6%대 수익률로 장기간에 걸쳐 투자하고, 이 두 가지, 즉 국고 보조금과 수익금을 합쳐 소득대체율 인상 재원으로 충당한다. 이 정도 규모의 보조금은 현재 공무원연금에 대한 '보전금(매년 8조 원)'과 비교할 때 큰 금액으로 보기는 어렵고,* 또 건전재정의 범위를 넘지 않을 것으로 본다.**

이렇게 하면, 앞으로 소득대체율 인상에 필요한 재원 중 국고 보조금과 수익금의 비중이 각각 25%와 75% 정도를 차지할 것으로

---

* 공무원연금 가입자 128만 8천 명, 수급자 66만 3천 명을 위해 8조 원을 지출하면서, 국민연금 가입자 2,198만 명, 수급자 700만 명을 위해서는 1.4~6.7조 원 지출이 국가재정 운영상 어렵다면, 설득력이 떨어질 것이다.

** 2022년 국민연금연구원의 유희원·한신실의 '국민연금 재정안정성을 바라보는 관점의 확장' 연구에 따르면, ① 조세 여력(GDP 대비 총 정부 세입)은 23.2%로 OECD 평균 41.8%에 비해 18.6%p, ② 예산 여력(정부 지출 대비 노인 관련 지출)은 22.5%로 OECD 41.9% 대비 19.4%p, ③ 채무 여력(GDP 대비 순공공부채)도 33.8%로 OECD 51.7% 대비 17.9%p 차이가 있어 국가재정 여력은 어느 정도 있는 것이라 한다.

추산된다. 소득대체율 2~10%p 인상이 급여 지출에 본격적으로 반영되는 시기가 약 30년 후가 되고(소득대체율 인상은 기존의 국민연금 가입 기간에는 적용되지 않고, 신규 가입 기간에만 적용됨), 그 사이에는 사실상 완전적립 방식(full funding)으로 운영되며, 30년 이후에도 급여 지출이 서서히 늘어날 것이기 때문이다.

이런 측면에서 보면, 국고 보조금은 막대한 수익금, 그것도 주로 해외 수익금으로 벌 수 있는 'seed money'의 성격을 띤다. 단, '퓨처펀드'는 기존의 '기금회계'와는 별도의 독립회계로 관리한다.

'퓨처펀드' 조성·운영의 효과

① '더 내고 더 받는' 모수개혁의 실현이 가능해진다. 국민연금의 장기적 재정안정과 연금 보장성 강화를 모두 이룰 수 있기 때문이다.

② 기금 고갈의 불안에서 벗어난다. 소득대체율 인상의 '구축효과'가 발생하지 않고, 보험료율 13% 인상이 기금 수익률 6%와 온전히 결합하여 재정안정 효과가 극대화되기 때문이다.

③ 미래 국가재정을 크게 아낄 수 있다. 국고 보조금으로 사전 투자하는 경우와 국민연금기금 고갈 후 사후 보전금을 투입하는

경우의 차이는 다음 표와 같을 것이다. 예를 들어, 2060년의 경우, 사후 국고 투입에 비해 113.5조 원을 절감할 수 있다.

<사전 투입(정부 예산의 0.5%p) vs 사후 투입(연금 지출의 25%)>   (단위 : 조 원)

구분	2025	2035	2045	2055	2060	2070	2080	2090
사전	3.3	4.5	6.1	8.2	9.5	12.7	17.1	23.0
사후	-	-	-	-	123	172	224	266
차이	3.3	4.5	6.1	8.2	△113.5	△159.3	△206.9	△243

주 1) 2025년 정부 예산 673조 원. 이후 매년 증가율 3% 가정
주 2) 사후 보전금 투입은 공무원연금 및 독일 공적연금 사례를 가정한 것임. 연금 지출 금액은 제5차 국민연금 재정추계 전망자료 참조

④ 소득대체율 42~50% 인상에 필요한 재원의 대부분이 해외 수익금으로 충당되므로 국민과 기업에게 더 큰 이득으로 돌아온다. 앞서 보험료 인상의 효과와 유사하다. 국고 보조에 따른 총 수익금 중 해외 수익금 비중은 약 80~90%에 이를 것으로 전망되는데, 중간에 꺼내 쓰는 금액이 미미하기 때문이다.

⑤ 세대 간 공정성이 크게 개선된다. 가장 큰 수혜계층은 2030세대이다. 연금 수급의 불안으로부터 완전히 벗어날 수 있고, 현세대 연금 급여 비용의 부담을 2030이 떠안지 않아도 된다. 4050이 더 내는 보험료와 수익금은 대부분 2030에게 이전되며, 소득대체율 인상에 따른 보장성 강화 혜택도 2030이 더 많이 누리게 된다. 4050도 불만이 없다! 기금 수익금 효과 및 국고의 사전적 투자 덕분으로 보험료율 인상 부담을 13%보다 더 지지 않아도 되고, 소득

대체율 인상(42~50%)의 효과는 함께 누릴 수 있으며, 기초연금도 이번에 40만 원으로 오르기 때문이다.

이제는 국가가 나서야 한다

'더 내고 더 받는' 모수개혁이 국민의 다수 의견이라는 점이 확인되었고, 연금개혁은 시급한 상황이다. 올해가 사실상 연금개혁 성공의 마지막 기회이고, 때를 놓치면 언제 개혁이 가능할지 가늠조차 되지 않는다. 하지만, 소득대체율 인상문제로 연금개혁이 한 발도 더 나가지 못하고, 시간만 보내고 있다.

다행히, 국민연금 개혁의 가장 큰 장애물은 이미 넘어선 것으로 보인다. 보험료율 13% 인상에 국민 다수가 찬성 의견이기 때문이다. 거기에다 이번에 보험료가 인상되면, '기금 성장기'와 결합하여 매년 막대한 수익금이 계속 창출될 것으로 기대된다. 이제 국가가 나서서 마지막 단추만 풀면 된다!

이것은 무슨 문제만 생기면, 국가에 의존하려는 '국가재정 만능주의'가 아니다. 소득대체율 인상문제의 본질은 결국 세대 간, 계층 간 이해관계의 충돌이다. 상황이 이러함에도 이걸 국민들끼리 알아서 해결하라고 하고, 국가는 팔짱만 끼고 있겠다면, 이는 국가의 책임 있는 자세가 아니다. 공무원과 군인을 위해서는 매년 11조 원씩 투입하면서, 국민을 위해서는 1~6조 원도 투자할 수 없다는 말인가? 연금개혁 성공의 여건이 충분히 조성되었으므로 이제는 국가가 '중재자적 역할'을 적극 수행해야 한다.

공무원연금, 군인연금의 국가재정 관리 실패 따르지 말자!

우리나라 공무원연금 및 군인연금이 걸어온 길을 살펴보자. 두 제도는 진작 기금 적립금이 고갈되었고, 현재 투자를 통한 수익금을 거의 창출하지 못하고 있다.

결국, 기금 고갈 후에 국가가 나섰는데, 현재 '보전금(재정 적자 부분에 대해 국가가 보전하는 금액)' 명목으로 한 해 11조 295억 원의 국고를 공무원 · 군인연금에 투입하고 있다(2025년 예산 기준).

이 사실을 알고 있는 국민이 얼마나 될지 정말 궁금하다. 혹 매년 11조 295억 원이라는 예산 내에 국가가 사용자의 지위에서 보험료 1/2을 내주는 금액이 포함된 것으로 오해하지 말라. 그것은 '국가 부담금'이라고 해서 따로 지출하고 있다. 11조 295억 원은 순수하게 공무원과 군인연금 퇴직자의 연금 급여 지출을 위해 국가가 적자를 메워주고 있는 돈이다.

국민연금은 국민을 위한 연금이기 때문에 국가가 보전할 수도 있다. 현재는 반대로 운영되고 있다. 공무원과 군인연금에는 국고를 투입하면서, 국민연금은 적립금이 남아 있다는 이유로 연금 급여에 대한 직접적인 보조금 지원을 한 푼도 하지 않고 있다. 국민연금제도 내에서 국민끼리 알아서 해결하라는 것인가? 지금 국민연금에 선제적 국고 투입을 하지 않아 끝내 연금개혁에 실패한다면, 공무원 · 군인연금의 사례처럼 기금 고갈 이후에 천문학적인 '국가 보전금'을 보전할 수밖에 없는데, 이는 엄청난 재정 낭비이다.

제5장 요약

① 국민연금의 장기적 재정안정화를 위해서는 수입을 늘리거나, 지출을 줄이면 된다. 단, 현 상황에서 지출을 줄이는 것, 즉 국민연금 수령 시기를 68세로 연장하는 등 보장성의 수준을 떨어트리는 방안은 채택할 수 없다.

② 보험료율 인상이 가장 현실적이고, 재정 효과도 크다. 보험료율 인상은 국내외 투자를 통해 보험료 추가 수입보다 큰 수익금을 창출한다. 또 보험료 인상은, 4050세대가 내는 보험료와 수익금을 합쳐 2030에게 이전되므로 2030에게 유리하다.

③ 보험료율 인상은, 1차 13%까지, 다시 10년 뒤인 2035년에 15%까지 인상하면, 기금 고갈의 불안으로부터 완전히 벗어날 정도로 재정이 안정된다.

④ 보험료 인상의 실제 부담은 매년 임금 상승률 등을 고려할 때, 그렇게 큰 부담은 아니다. 다만, 청년층과 저소득 근로자, 취약계층 등에 대해서는 보험료 지원 및 각종 크레딧 확대 등을 통해 보험료 인상 부담을 경감할 필요가 있다. 기업 측의 부담을 고려하여 '퇴직금 전환금 제도'를 근로자 선택 방식으로 재도입할 필요가 있다.

⑤ 국민연금기금 투자 수익률을 현행 6% 수준으로 앞으로도 계속 유지하는 것이 중요하다. 보험료가 인상되면 적립금이 커지고, '기금 성장기'가 15년 → 40년으로 길어지므로 충분히 가능할 것으로 본다. 나아가, 캐나다 등 글로벌 연기금 수준으로 수익률을 더 높이기 위해, '기준 포트폴리오' 등 보다 적극적인 운용 전략의 실행 및 운용 인프라의 혁신 등 노력이 필요하다.

⑥ '더 내고 더 받는' 모수개혁의 실현을 위해, 국고 보조금을 재원으로 '퓨처펀드'를 조성한다. 보험료 인상 시기에 맞추어 국가가 정부 예산의 0.2~1%p(1.4~6.7조 원)를 국민연금공단에 보조하고, 공단은 보조금의 8배 이상의 수익금을 창출, 소득대체율 42~50% 인상 재원으로 충당한다. 이는 해외에서 벌어 국내 국민의 연금으로 지출하는 것이므로 국민에게 큰 이득이 된다. 미래 국가재정을 크게 아낄 수 있고, 2030이 가장 큰 수혜 계층이 됨으로써 세대 간 형평성도 크게 개선된다.

⑦ 이러한 방식으로 국민과 기업, 국민연금공단 및 정부의 공동 노력으로 국민연금 개혁에 성공하면, 2070년대 중반 이후 인구 위기의 자연적 해소 추세와 결부되어 2105년까지 기금이 유지되는 등 국민연금 재정문제가 근본적으로 해결되며, 국민연금의 재정안정과 보장성 강화를 모두 이룰 수 있다.

제6장

노후소득 보장성 강화방안

01

국민연금 명목 소득대체율 인상

　명목 소득대체율은 국민연금의 소득 보장성의 수준을 나타내는 대표적인 지표로써 1988년 도입 당시 소득대체율은 70%였다. 1998년 1차 개혁을 거치면서 60%로 낮아졌고, 2007년 2차 개혁을 통해 매년 0.5%p씩 낮아져 2028년까지 40%까지 하락하는 중이다(2025년 현재 41.5%).

　역대 정부에서 두 차례의 명목 소득대체율 하향 조정으로 국민연금 보장성의 수준이 지나치게 낮아진 측면이 있기 때문에 이를 다시 올릴 필요가 있다. 명목 소득대체율을 올리기 위해서는 다음의 국민연금 급여 산식 중 '비례상수'를 바꾸면 된다. 2028년 현재 명목 소득대체율 40%를 반영하여 1.2로 표시되어 있는데, 예를 들어, 지난해 9월 4일 정부가 제시한 대로 42%로 인상하려면 비례상수의 숫자를 1.26으로 변경하면 되고, 또 44%로 인상하려면 1.32로 변경하는 것이다.

<국민연금 급여 산식>

▶ 연간 연금액 : 1.2(비례상수)×(A값+B값)×[1+(0.05n/12)]

- 비례상수 : 급여 산식에서 명목 소득대체율 40%가 되게 하는 常數
- A값 : 연금 수급 직전 3년간의 전체 가입자 평균 소득월액
- B값 : 가입자 개인의 가입 기간 중 기준 소득월액의 평균액
- n : 가입 기간을 20년을 초과하는 가입 월수

02
국민연금 실질 소득대체율 인상

"국민연금 가입 기간 늘리기!"
"소득 활동 연계 국민연금 감액제도 폐지!"
"국민연금 소득월액 상한액 조정 : A값 인상!"
"불합리한 급여제도 개선"

국민연금 가입 기간 늘리기

앞의 급여 산식에서 n을 늘리는 것이다. 이를 위해 출산 및 군 복무 크레딧을 확대하고, 저소득 근로자 및 지역가입자 보험료 지원제도의 지원 대상과 지원 금액을 획기적으로 늘릴 필요가 있다.

'소득 활동 연계 국민연금 감액제도' 폐지

국민연금 수급 자격을 얻었지만, 재취업·창업·임대사업 등으로 월 소득이 299만 원(A값, 2024년 기준)을 넘으면 국민연금 수령 연도부터 최장 5년간 연금액의 50%까지 감액한다.

국민연금법 제63조의 2항에 따라 시행되고 있는데, OECD 국가 중 이 제도를 시행하는 건 우리나라를 포함해 4곳이다. 2024년 기준으로 국민연금 수급자(544만 7,086명) 중 11만 명이 여기에 해당되어 연금액이 삭감되었다(삭감액 2,167억 원).

得보다 失이 훨씬 크고, 과거와 달리 은퇴 후에도 소득 활동에 종사하는 사람들이 크게 늘고 있는 현실을 고려하면, 이 제도는 시대착오적이라는 비판을 면하기 어렵다. 정부도 2023년 10월 국회에 제출한 '제5차 국민연금 종합운영계획'을 통해 이 제도를 폐지하겠다고 밝힌 바 있다.[*]

국민연금 소득월액 상한액 조정 : '국민연금 A값' 인상

앞의 국민연금 급여 산식에서 보듯이 전체 근로자의 3년간 평균

---

[*] 22대 국회에서 이 제도 폐지 또는 개선 법률안이 3건 제출되어 있다. 최대 감액 금액 1/2 → 1/3로 완화 및 감액 1구간부터 6개월마다 순차적 폐지(서영석 의원, 2024. 6. 21. 발의), 감액제도 1년 유지 후 폐지(김선민 의원, 2024. 6. 27. 발의), A값 초과소득월액 100만 원 미만 감액 제외(박희승 의원, 2024. 7. 1. 발의)

기준소득월액, 즉 A값이 올라가면 받는 연금액도 올라가고, A값이 내려가면 받는 연금액도 내려간다. 물론 이 A값은 계속 올라가기만 했고, 내려간 적은 한 번도 없다. 문제는, A값을 결정하는 국민연금 '기준소득월액표'가 현실을 제대로 반영하지 못하는 바람에 A값도 낮게 설정되어 있다는 것이다.

현재 국민연금 기준소득월액 상한액이 월 637만 원이고, 최고 보험료도 월 57만 3,300원이다. 국민연금 가입자 중 13%가 상한액에 몰려 있다. 참고로, 국민건강보험의 상한선은 월 1억 2천만 원이고, 공무원 및 사학연금의 상한선도 월 856만 원이다.

따라서 국민연금 기준소득월액 상한액을 공무원연금 정도까지는 올리는 것이 맞는다. 이렇게 하면, 국민연금 A값도 인상되는 효과가 발생하므로 받는 연금액도 올라간다.

불합리한 급여제도 개선

유족연금 지급률을 공무원연금과 같이 60%로 일원화하고, 중복 지급율도 30 → 50%로 상향 조정할 필요가 있다. 또, 배우자 유족연금을 선택할 경우 본인 국민연금은 한 푼도 받지 못하는 불합리한 제도는 폐지함으로써 공무원연금제도와 형평성을 맞추어야 한다.

장애연금도 ILO(국제노동기구)가 권고하는 것처럼, 소득대체율 40%를 최저 기준으로 삼아 상향 조정할 필요가 있다.

03

기초연금 40만 원으로 인상

정부는 국민연금 개혁과 병행하여 2027년까지 기초연금을 40만 원으로 인상한다는 계획*이다. 우리나라의 심각한 노인빈곤율 개선에 적지 않은 효과가 기대되고,** 국민연금의 소득대체율 인상과 합쳐 우리나라 공적연금 전체의 소득대체율이 상당히 개선될 것으로 전망된다.

국민연금 연계 기초연금 감액제도 개선

이 제도는 국민연금 성실 가입자가 오히려 불이익을 받고, 국민

---

* 기초연금이 40만 원으로 인상되면, 2027년에 국비+지방비 합계 33조 8천억 원에 이른다고 한다.

** 우리나라의 65세 이상 노인빈곤율은 기초연금 도입 이후에 지속적으로 완화되어 2014년 44.5%에 이르던 것이 2022년에는 38.1%로 6.1%p 감소했다. 여전히 OECD 국가 평균(14.2%)에 비해 훨씬 높다.

연금의 사각지대 해소 노력에도 부정적인 영향을 미친다는 지적을 받는다. 기초연금 감액률을 현재보다 50% 낮추는 것이 하나의 대안이 될 수 있다. 소득 보장성이 강화되고, 개혁에 대한 국민 수용성도 높아질 것으로 기대된다.

기초연금과 국민연금은 별개가 아니다!

기초연금은 국민연금과 매우 밀접한 관계가 있는데, 2007년에 국민연금 개혁을 추진하는 과정에서 '기초연금제도'가 도입됐다. 본회의에 일명 '쌍둥이 법안'으로 상정되었는데, 국민연금 소득대체율을 60 → 40%로 인하하는 대신, 국민연금 A값의 10% 수준으로 기초연금을 지급하는 내용으로 통과되었다. 즉 국민연금 급여 수준을 깎아 기금 고갈 시기를 연장하는 등 재정안정을 강화하는 대신, 기초연금제도를 도입함으로써 전체적인 소득 보장의 수준을 유지한 것이다.

지금 진행되고 있는 연금개혁도 마찬가지다. 정부에서는 국민연금 개혁을 하는 조건으로 기초연금을 40만 원으로 인상한다는 방침이다.

04

퇴직연금 강화

퇴직연금 중도인출 원칙적 금지
퇴직기금의 운용 수익률 제고

1988년 국민연금 도입 이전에 노후 대비 자금 역할을 했던 건 근로자가 1년 이상 일하는 경우 회사가 1년에 1개월 치 월급을 의무적으로 적립하였다가 퇴직 후 근로자에게 지급하도록 한 퇴직금 제도였다. 정부는 2005년에 「퇴직연금제도」를 도입했다. 그런데 아직 퇴직연금의 연금 기능이 너무 미약하다.

전체 상용근로자의 53.4%만 가입돼 있는 데다, 대부분 대기업 근로자들이다. 300인 이상 사업장의 퇴직연금 도입 비율은 91.4%(4,864개소)이지만, 30인 미만 사업장은 23.7%, 5인 미만 사업장의 도입률은 10.6%(8.7만 개소)에 그친다(통계청, 2022).

2022년 9월부터는 「중소기업 퇴직연금기금」 제도가 시행되고 있다. 30인 이하 중소기업 사용자 및 근로자 납입금으로 기금을 조성하여 근로자에게 퇴직급여를 지급한다. 근로복지공단이 사용자 부담금 및 근로자 추가 납입금을 적립, 자산운용기관에 위탁 운용하고 있다. 정부도 최저임금의 130%(2024년 기준 월 268만 원) 미만 근로자를 대상으로 부담금의 20%를 재정으로 지원하고 있다. 사용자는 사용자 부담금 8.33%의 90%만 부담하면 되고, 근로자에게 10%가 보태져 110%가 적립된다. 재정지원 금액과 대상을 보다 확대할 필요가 있다.

2023년에 퇴직연금 수급(가입 기간 10년 이상, 55살 이상)을 개시한 53만 계좌(15.5조 원) 중 연금 수령 선택이 5.5만 개(10.4%)에 불과하다. 많은 연금 전문가들은 퇴직금을 빨리 연금화하여 노후소득 보장에 활용해야 한다고 강조한다. 퇴직연금 수급률을 올리기 위해서는 계좌당 금액을 높이는 것이 핵심이다.

고용노동부에 따르면, 2022년 중 연금으로 수령한 평균 금액은 1억 5,500만 원인 반면, 일시금 수령 금액은 2,500만 원이었다. 계좌당 금액을 높이는 것이 퇴직연금 수급률을 올리는 방법임을 시사한다. 이를 위해서는 중도인출을 최소화해야 한다.*

---

* 현재 중도인출 가능 사유는 주택 구입, 전세 임차, 6개월 이상 요양·파산 등이다.

다만, 현실적 측면을 고려하여 중도인출을 획일적으로 금지하는 것은 매우 어려울 것이므로, 세액공제 확대 등 획기적인 인센티브를 제공하는 것이 필요하다.

퇴직연금의 운용 수익률이 낮은 것도 큰 문제다. 퇴직연금의 10년('13~'22) 연평균 수익률이 미국은 7.79%, 호주가 6.72%, 일본은 4.10%인 반면 한국('14~'23)은 2.075%에 머물고 있다. 전체 적립금의 87.2%가 여전히 예금 등 원리금 보장형 상품에 쏠린 결과라고 한다.

정부에서도 이 문제를 개선하기 위해 퇴직연금 '디폴트 옵션(사전지정운용제도)'을 도입했으나, 가입자 대부분이 '초저위험-저위험-중위험-고위험'의 네 가지 옵션 중 관성처럼 초저위험에 몰리면서 당초 취지가 무색해진 상황이다(2023년 말 기준 디폴트 옵션 총 적립금 12조 5,520억 원 중 초저위험). 일부에서는 아예 퇴직연금의 운용을 국민연금에 맡기자는 제안까지 나왔다.* 국민연금이 갖고 있는 '규모의 경제' 효과를 활용할 수 있다는 것이다.

---

* 2024년 8월 28일 민주당 한정애 의원은 국민연금이 100인 초과 사업장의 기금형 퇴직연금을 운용할 수 있도록 하는 「근로자 퇴직급여보장법」 개정안을 발의했다. 근로복지공단이 기존에 30인 이하 사업장에 적용하던 중소기업 퇴직연금기금은 100인 이하 사업장까지 확대하고, 100인 초과 사업장에 대해서는 새롭게 국민연금공단이 운영 주체가 되도록 하는 내용이다. 이에 대해 국민연금공단은 고용부·기재부 등 관계부처 협의가 선행될 필요가 있다고 하면서, 별도의 운용체계·조직·인력 마련 등을 조건으로 수용한다는 입장인 반면, 고용노동부는 국민연금에 대한 국민의 낮은 신뢰 등을 고려하여 신중한 검토가 필요하다는 입장이다.

05
국민연금 수급 구조에 유연성 부여하는 방안

국민연금 수급을 노후 생애주기에 맞추어 유연하게 함으로써 보다 실질적이고, 체감도 높은 연금 혜택을 제공하자!

수급자가 자신의 연금 개시연령을 선택하되, 생애 받는 연금 총액을 같게 하는 방식이 있고, 처음 10년 동안은 많이 나오도록 하고, 나중에는 좀 적게 나오도록 하는 방식도 있다. 이렇게 하면 일찍 은퇴해 소득이 없는 퇴직자는 국민연금을 남들보다 일찍, 더 많이 받을 수 있어 소득 공백에 효과적으로 대처할 수 있고(조기노령연금은 받는 연금액이 줄어들고, 총액도 줄어드는 단점이 있다), 다른 한편으로, 노후생활 후기에 지출이 줄어드는 측면을 고려하여, 노후생활 초기에 보다 여유 있는 삶을 원하는 사람에게도 큰 도움이 될 수 있다. 민간 보험회사가 채택하는 일종의 'free style' 방식이다.

기획재정부도 지난해 5월 '사회이동성 개선방안'을 발표한 것이 있는데, 국민연금을 일부만 먼저 받을 수 있도록 하자는 내용이 포함되었다. 국민연금은 지금도 최대 5년 앞당겨 받을 수 있지만, 연금 중 일부가 아닌 전체에 감액 비율(1년당 6%)이 적용되기 때문에 상당히 불리하다. 예를 들어 63세부터 월 100만 원을 받을 사람이 3년을 당겨 60세부터 받는다면, 18%인 18만 원을 제하고 82만 원을 평생 받게 되는 것이다.

이를 개선하여, 앞으로는 60세부터 100만 원 중 80만 원을 먼저 받기를 희망할 경우, 80만 원의 18%인 14만 4,000원을 공제한 65만 6,000원을 62세까지 받고, 63세부터는 나머지 연금(20만 원)을 더해 85만 원을 평생 받는 식이다. 이번 국민연금 개혁에서 이런 문제까지 포함하는 것이 다소 무리일지 모르나, 시간을 두고 연구하여 합리적인 방안을 찾는다면, 국민연금에 대한 신뢰는 더욱 높아질 것이다.

제6장 요약

① 노후소득 보장성의 강화는 '다층연금 체계'의 강화를 통해 실현 가능하다. 국민연금과 기초연금 등 공적연금 강화를 중심으로 하되, 퇴직연금·개인연금저축·주택연금 등 사적연금도 활성화해야 한다.

② 국민연금의 '명목 소득대체율' 인상과 함께, '실질 소득대체율' 인상도 병행해야 한다. '가입 기간 늘리기', '소득 활동 국민연금 감액제도'의 폐지, 보험료율 인상 상한액의 상향을 통한 'A값' 인상 및 유족연금과 장애연금의 지급률 인상 등 급여제도의 개선 등이 필요하다.

③ 심각한 노인빈곤 문제의 개선을 위해 기초연금을 40만 원으로 인상하고, 국민연금 연계 기초연금 감액제도의 개선도 검토할 필요가 있다.

④ 이러한 노후소득 보장성 강화 대책이 실현된다면, 우리나라도 OECD 국가 평균 이상의 노후소득 보장 수준을 달성할 수 있다.*

---

* 명목 소득대체율 40% → 44%, 기초연금 40만 원 인상 11.2%(33.5만 원/299만 원) → 12.6%(40만 원/318만 원), 퇴직연금 20년 가입 시 7~8% 등 개선 효과를 기대할 수 있다.

제7장

국민연금 개혁 성공을 위한 추가 대책

01

국가 지급 보장 명문화

**국민연금 개혁과 병행하여
국가 지급 보장이 필요하다!**

「공무원연금법」에 있는 국가 지급 보장 규정을 국민연금에도 명문화하는 것이 그렇게도 어렵나? 도대체 이 나라는 공무원의 나라인가? 라는 볼멘소리가 나온다. 공무원연금법 제71조 1항에는 '국가나 지방자치단체는 (연금 급여에) 드는 비용을 기여금, 연금 부담금으로 충당할 수 없는 경우에는 그 부족한 금액을 대통령령이 정하는 바에 따라 부담하여야 한다'라고 명시하고 있다.[*]

---

* 군인연금법도 제45조에 '이 법에 따른 급여에 드는 비용을 기여금 및 부담금으로 충당할 수 없는 경우에는 그 부족한 금액을 국가에서 부담한다'고 하고 있고, 사립학교 교직원연금법도 제53의 7에 '법률 또는 제도적인 사유로 이 법에 따른 급여를 기금으로 충당할 수 없을 때에는 국가가 그 부족액을 지원할 수 있다'고 규정하고 있음

이에 비해, 현행 국민연금법은 제3조의 2에서 '국가는 이 법에 따른 연금 급여가 안정적·지속적으로 지급되도록 필요한 시책을 수립·시행하여야 한다'라고만 규정돼 있다.

정부는 제5차 국민연금 종합운영계획에서 정부의 지급 보장 책임 범위를 더욱 분명하게 명문화하는 방안을 검토하기로 했다. 일각에서 국가 지급 보장을 명문화하면, 국민의 연금 보험료 인식이 약화할 것을 우려한다. 그러나, 이는 우리 국민을 너무 우습게 보는 것이다.

국민이 부담 가능한 보험료율 인상(안) 제시 → 국가 지급 보장 명문화 → 국민연금 재정에 소규모 국고 투입 등 일련의 조치가 동시에 이루어진다면 국민연금 개혁의 성공 확률이 높아질 것이다.

02

국민연금 사각지대* 해소

371만 명!

실직 등 각종 사유로 '납부예외' 중이거나(294만 명), 연금 보험료를 13개월 이상 장기 체납(77만 명)하고 있어 국민연금 수급권을 취득하지 못할 가능성이 높은 사람이 무려 371만 명에 달하고 있다(2023년 말 기준).

---

* 국민연금 적용 제외자 또는 소득상실 등으로 보험료를 납부하지 못해 연금 수급권을 취득하지 못하거나 가입 기간이 짧아 노후소득 보장에 취약할 것으로 예상되는 사람으로, 18~59세 인구(3,010만 명) 중 '협의의 사각지대'는 약 12.3%(371만 명), '광의의 사각지대'는 34.7%(1,045만 명)이다.

<국민연금 적용 현황> ('23년 12월 기준)

공적연금 가입자							공적연금 미가입자
	국민연금 2,238만 명					특수직역 연금 가입자 181만 명	국민연금 적용 제외자 674만 명
사업장 가입자 1,481만 명	지역가입자 671만 명			임의 가입자 33만 명	임의계속 가입자 53만 명		
	소득 신고자 377만 명	장기 체납자 77만 명	납부 예외자 294만 명				

배달 라이더, 대리운전 기사, 학습지 교사, 방문점검원 등 근로자와 자영업자의 성격을 모두 가지고 있어서 '특수고용 노동자'로 불리는 계층이 있는데, 이들의 국민연금 가입 비율도 66.1%에 불과하다.

청년층도 절반 정도가 국민연금 사각지대에 놓여 있다. 18~34세 인구 중 국민연금 보험료를 내는 사람은 38.8%이다. 20대에 국한하면, 국민연금 등 공적연금 가입률이 35.1%이다. 미국(78.2%)의 절반에도 못 미친다. 일본은 20대의 94.1%, 영국은 79%가 공적연금이라는 안전망에 들어가 있다.

가입 기간을 추가로 인정해 주는 3종 '크레딧 제도'가 있다(출산·군 복무·실업 크레딧). 또 '사회보험 두루누리 사업'으로 저소득 10인 미만 사업장 노동자, 저소득 예술인 등은 연금 보험료의 80%를 지원하고 있다. 정부의 역할은 이러한 취약계층까지 국민연금 혜택이 돌아갈 수 있도록 하는 데 우선되어야 한다는 목소리가 높다.

국민연금연구원의 유희원 연구위원은 △출산크레딧 출산 시점에서 지원 및 가입 기간 상한 제외 △군 복무 크레딧 현역, 상근예비역, 보충역, 대체역에 대해 적용 확대 및 복무 기간 전체로 가입기간 인정 △실업 크레딧 인정 기간을 1년에서 3년으로 확대 △지역가입자 지원 소득인정액 150만 원으로 상향 △ 두루누리 사업 30인 이하 사업장으로 확대 △청년 생애 최초 연금 보험료 지원제도를 도입, 3개월 지원 등을 제안했다(2025년 2월 5일 내일신문).

보건복지부도 「제5차 국민연금 종합운영계획」에서 '저소득 지역가입자 보험료 지원사업'의 지원 대상을 기존의 '납부예외자 중 납부재개자'에 국한하던 것을 일정 재산·소득 기준 이하의 저소득 지역가입자 모두에게 확대하는 한편, 지원 기간도 현재 12개월에서 36개월로 대폭 늘리는 내용을 포함했다.

제8장

구조개혁 방안에 대한 검토

01

KDI '신연금' 제안

청년층에게 오히려 불리하다

2024년 2월 KDI는 현행 국민연금 체계를 일대 개편하여 기존 납부자들에게는 '구연금'을, 신규로 가입하는 사람에게는 '신연금'을 분리 적용하자는 방안을 내놓았다. 현행 국민연금제도가 '낸 것의 평균 두 배 정도를 받는데', 지속 가능성이 없고, 세대 간 형평성 문제가 심각해지기 때문에 '낸 만큼 받는' '구조개혁'이 필요하다는 것이다.

신연금을 도입하지 않고, 현행 40%의 소득대체율을 계속 이어가려면 보험료율을 현재의 4배인 35% 수준까지 올려야 하는데, 신연금을 도입하면, 미래세대는 소득의 15.5%만 내면 노후에 매달 생애 평균 월 소득의 40%를 받을 수 있다는 것이다.

이들의 문제의식은 다음과 같다.

"우리보다 먼저 저출산·고령화 문제를 겪은 일본은 합계 출산율이 1.2명대로 떨어져 큰 충격을 받고 본격적인 대책을 마련했다. 하지만 우리나라는 이미 0.7명대로 떨어졌고, 올해는 0.6명대라는 상상 못할 합계 출산율이 예상된다. 지금 상황에서는 '모수개혁' 정도인 해외 연금개혁 사례를 따라가면 완전히 망한다. 앞으로는 보험료도, 세금도 낼 아이들이 없다."

이들은 현재 우리의 충격적 출산율을 고려할 때 '완전한 (구조적) 연금개혁이 없다면 국민연금제도는 뒷세대가 앞 세대에 퍼주는 형태'를 벗어날 수 없다고 한다. 모수개혁으로는 기금 소진 시기만 잠시 늦출 뿐, 장기적이고 근본적인 문제 해결이 불가능하며, 어떻게 조절하더라도 세대 간 형평성 문제를 완화하는 데 한계가 있다는 것이다.

국가재정을 투입해 해결하자는 주장에 대해서도 '이후 세대는 보험료를 낼 사람도, 세금을 낼 사람도 부족하며, 부담을 뒷세대에 미루는 측면에서는 똑같다'라며, 사회복지 예산이 늘어나면 성장동력과 직결된 경제예산(R&D 및 SOC 등)을 지금처럼 쓰지도 못한다고 한다.

이들의 주장을 요약하면 다음과 같다.

첫째, 세대 간 형평성에 주목한다.
둘째, 보험료 조정 등 모수개혁으로는 '근본적 답'이 될 수 없으므로 구조개혁을 해야 한다.
셋째, 스웨덴식 '확정기여형'으로 바꾼다. '낸 만큼 받는', 즉 기대 수익비=1을 만족하는, 재정적으로 절대 고갈되지 않는 연금제도다.
넷째, 명목 소득대체율은 현행 40%를 유지하고, 이를 유지하기 위해 신연금의 보험료율을 15.5%까지 올린다.
다섯째, 지급이 약속된 구연금은 기존의 기금 적립금에 국고를 추가 투입하여 충당한다. 필요한 국고 투입 규모는 약 609조 원으로 추산되며, 개혁이 5년 더 지체되면 260조 원이 더 늘어난다.

언론은 일단 긍정적으로 평가했다.

**"국민연금 신구세대 분리 운용,
젊은 층 우려 덜기 위해 검토할 만"**

'연금을 못 받을 수도 있다'라는 청년층의 우려를 덜기 위해 검토해 볼 만한 제안이라는 것이다. 그러나, KDI의 제안은 '기대 수익비 1배'만 보장한다는 측면에서 국민 다수가 원하는 방향과는 한참

거리가 있어 보인다. 또, 공적연금인 국민연금이 '낸 만큼 받는' 구조가 된다면 민간 연금과 다를 게 거의 없기 때문에 굳이 국가가 의무가입으로 연금제도를 운영할 근거가 미약해진다.

구세대에게 약속된 연금을 지급하기 위해 막대한 국고(609조 원)를 투입하는 것은 국가재정 형편상 현실성이 부족할 뿐만 아니라, 결국 증세 또는 국채를 발행해야 하는데, 이 또한 미래세대에게 부담을 전가하는 것이다.

세대 간 공정성도 약화한다. '구연금'과 '신연금'으로 분리하면, 앞선 세대(구연금 가입자)는 여전히 수익비 2.2배를 누리는데, 왜 후세대(신연금 가입자)는 1배만을 받아가야 하는지 설명이 필요하다. 또 보험료율을 15.5%까지 올리고, 609조 원의 국고까지 투입할 수 있다면, 굳이 구연금-신연금으로 분리하지 않고, 다른 방안으로도 얼마든지 국민연금 재정은 안정화된다.

02
공무원연금과 통합 또는 연계

국민연금 가입자에게 오히려 불리하다

공무원연금은 1960년에 시작한 제도이고, 기금이 진작 고갈돼 매년 국가로부터 보전금이 투입되고 있다. 공무원연금은 그간 4차례(1995 · 2000 · 2009 · 2015)에 걸쳐 개혁을 했고, 지금은 국민연금과 공무원연금 사이에 격차가 많이 사라졌다. 비교적 최근인 2015년 박근혜 정부에서 상당히 강도 높은 개혁조치가 단행되었고, 아직도 이때의 개혁조치가 진행 중이다.

결론부터 이야기하자면, 공무원연금과 국민연금을 통합하면 국민연금 가입자에게 오히려 불리한 결과가 된다. 국민연금기금은 현재 1,100조 원이 넘게 쌓여 있는 데 반해, 공무원연금은 바닥난 지 오래다. 이런 상태에서 통합을 하면 공무원들의 부담이 한결 줄어들 것이고, 반대로, 국민연금 가입자들이 공무원연금의 적자까지 분담할 수도 있다. 아마 국민연금과 통합한다면 공무원들이 더 환영할 것이다. 기초연금을 받을 수 있기 때문이다.

03
기초연금 개편

시기상조다

일부에서는 이번에 국민연금 개혁을 추진하면서 기초연금도 같이 개편해야 한다고 주장한다. 기초연금 개혁도 구조개혁 방안 중 하나다. 핵심 내용은 대상자 범위를 줄이고, 대신 지원 금액을 올리자는 것이다. 기초연금은 원래 심각한 노인빈곤 해소를 위해 도입되었는데, 빈곤층 노인에게만 지급하지 않고, 정치적인 이유로 대상자 범위가 70%로 정해졌고, 당초 취지에서 벗어났다는 것이다.

우리나라 노인빈곤율이 40% 정도인 점을 고려하면, 기초연금 대상을 줄이고, 이들이 빈곤에서 벗어날 정도로 두툼하게 지원하는 것은 일리가 있다. 하지만, 이번에는 기초연금까지 손을 대선

안 된다. 아직 노후소득 보장 수준이 충분치 않은 상태이므로, 국민연금과 함께 기초연금의 보완적 역할이 필요하다. 정치적 현실을 고려하면, 실현 가능성도 크게 떨어진다. 이번에 국민연금 개혁에 성공하고, 앞으로 퇴직연금도 어느 정도 발전한다면 그때 가서 기초연금을 개편해도 늦지 않을 것이다.

3부

3부에서는 2부에서 논의한 내용 중 공통된 분모를 바탕으로, 먼저 국민연금 개혁의 비전과 목표, 추진원칙 및 개혁방안이 가져야 할 필수 조건 등을 제시할 것이다. 이어서, 지금까지 제안된 각 방안들을 간단히 살펴보고, 각 방안이 갖는 장점은 반영하고, 문제점 또는 한계는 보완하는 식으로 '국민연금 개혁의 답'을 제시하려 한다.

01

국민연금 개혁의 골든 타임

"국민연금 개혁의 골든 타임을 이미 놓쳤다"고 하지만, "아직 마지막 기회가 사라진 것은 아니다"는 것이 연금 전문가들의 공통된 의견이다.

바로 지금이 골든 타임

1차 베이비붐 세대가 노동시장에서 이미 빠져나갔지만, 2차 베이비붐 세대 954만 명이 아직 노동시장에 남아 있다.

또 현재(2023년 11월 기준) 국민연금 가입자 중 40대 598만 명(26.95%), 50대는 700만 명(30.19%)으로, 이들을 합하면 약 1,300만 명으로 전체의 62%를 넘는다.

(2024년 9월 기준, 단위 : 천 명)

출생연도	가입자 수 (a)	소득신고자 수 (b)	사업장	지역	임의
1965~1974	6,712(31.7%)	6,201(33.7%)	4,346(29.8%)	1,670((48.4%)	183(58.8%)
1975~1984	5,813(27.5%)	5,302(28.9%)	4,193(28.7%)	1,020(29.6%)	89(28.3%)
1985~1994	5,194(24.5%)	4,445(24.2%)	3,849(26.4%)	575(16.6%)	20(6.5%)
1995~2004	3,432(16.2%)	2,423(13.2%)	2,215(15.1%)	187(5.4%)	20(6.4)
계	21,151(100%)	18,370(100%)	14,603(100%)	3,453(100%)	313(100%)

"아직 40~50대에는 보험료를 낼 사람이 많다. 막상 이들이 연금을 타기 시작하면 개혁은 절대 불가능하다. 40~50대에게 조금이라도 더 내게 해 청년세대에게 기금 고갈 없이 연금을 줄 수 있다고 설득해야 한다."

"우리나라 국민연금은 기금 규모가 크고, 운용 수익률도 높다. 조금이라도 빨리 보험료를 투입해 기금의 규모를 더 키운다면 더 높은 수익률을 이용할 수 있다."

"지금이 '더 내고 더 받는' 개혁을 할 수 있는 진짜 마지막 기회이다. 5년 뒤로 다시 미뤄지면, '더 내기만 하거나', 어느 누구도 원하지 않는 '덜 받는 개혁'을 피할 수 없다."

"베이비붐 세대가 남아 있을 때 서둘러 보험료율 올려야 한다. 지금이 거의 마지노선이라는 얘기들이 많이 나온다. 지금 아니면 정말 늦는다."

"2차 베이비붐 세대가 인구수가 꽤 많기 때문에 이때 보험료율을 빠르게 인상해서 2030세대와 미래세대의 부담을 덜어주어야 한다. 연금개혁의 골든 타임을 놓친 게 아쉽기는 하지만, 아직 마지막 기회가 남아 있다."

한 해 평균 약 100만 명이 태어난 베이비붐 세대(1955~1974년생)가 노동시장에서 계속 빠져나가고 있다. 연금개혁을 하더라도 이들이 다 빠져나간 다음에 하면 개혁의 효과가 절반으로 줄어들고, 그만큼 후세대가 그 짐을 짊어질 수밖에 없다.

02

국민연금 개혁의 비전

왜 지금까지 성공하지 못했나?

　국민도 보험료율을 좀 인상해야 한다는 점에는 대체로 반대하지 않는다. 4050 세대도 내가 좀 부담이 되더라도 청년층과 미래세대를 생각하면 보험료를 더 낼 용의가 있다. 청년층도 더 낼 수밖에 없다는 것을 다 알고 있다. 하지만, 정부나 정치권에서 막연하게 '더 내야 한다!'라는 말만 계속해서는 국민이 수용하기 어렵다. 이와 관련하여 국민은 다음의 세 가지 질문을 던진다.

　첫째, 이번에 13%까지 보험료율을 인상하면, 다음에 언제, 그리고 얼마나 또 더 내야 하는가?
　둘째, 이번에 더 내면, 기금 고갈의 불안에서 언제쯤, 어떤 식으로 벗어날 수 있다는 말인가?

셋째, 이번에 보험료를 더 내면, 내가 받는 연금액은 뭐가 좀 달라지는 게 없는가? 등이다.

연금개혁에 지금까지 성공하지 못한 이유는 이 세 가지 질문에 정부와 정치권이 구체적으로 답을 주지 못해서였다. 윤석열 정부 출범 이후 현재까지 진행되고 있는 과정에서도 크게 달라지지 않았다. 이렇게 해서는 연금개혁의 추진 동력을 확보하기 어렵다. 이번에는 이 세 가지 질문에 제대로 답을 해야 한다. 그래야 개혁의 동력이 생긴다. 다시 말하면, 지금까지 연금개혁에 성공하지 못한 이유는 국민이 던지는 이러한 질문들에 대한 명확한 답변, 즉 연금개혁의 비전을 여태까지 제시하지 못해서였다.

국민연금 개혁의 장기 비전

2부에서 국민연금 개혁에는 끝이 있고, 그게 2105년경이라고 말한 점을 상기하자. 국민연금의 위기를 불러오는 핵심 원인인 인구 구조의 극단적 불균형은 앞으로도 계속되는 것이 아니라, 2080년대 초반에 정점을 찍고 이후에는 점차 안정화되고, 2105년에 끝이 난다고 했다.

국민연금 개혁에 답이 없다고 말하는 사람들은 연금 수급자가 급증하고, 보험료를 내야 하는 가입자는 급감하는 2080년까지의 구간만 본 것이다. 답을 찾으려면, 그 너머를 봐야 한다! 보건복지부가 2023년에 발표한 제5차 국민연금 재정추계에서 이런 사실을 간접적으로 보여주었다. 추계 기간을 70년으로 설정한 탓에 2093년까지만 보여주었을 뿐이다.

이후의 모습에 대해서는 통계청의 장래인구추계를 보면 된다. 2105년에 18~64세 인구가 65세 이상의 인구를 다시 추월하는 것으로 나온다. 인구 위기가 최고조에 달하는 2080년부터 한 세대가 지나는 이때쯤 비로소 '내는 사람'이 '받는 사람'보다 많아지며 국민연금재정 위기도 사라진다. 이러한 장기 시계(time horizon)의 바탕 위에서 위 세 가지 질문에 대한 답을 하면 다음과 같다.

첫 질문에 대한 답은, 2035년경 보험료율을 한 차례 더 15%까지만 올리면 끝이다. 두 번째 질문에 대한 답은, 이번 개혁과 2035년 두 번째 개혁에 성공하면 기금 고갈 시기가 2093년까지 연장되고, 이후에는 미세조정만으로도 2105년까지 기금 고갈을 연장할 수 있다. 2105년 이후에는 기금 적립금이 없어도 되고, 그해 필요한 지출을 그해 보험료 등으로 충당하는 '부과방식'으로 전환해도 된다. 세 번째 질문에 대한 답은, 이번에 보험료를 더 내더라도, 기초연금 40만 원으로 인상 등 여러 가지 소득 보장 강화 조치로 받는 연금액도 더욱 많아진다.

---

* 일본은 100년, 캐나다 75년, 미국 75년, 스웨덴은 75년을 추계한다.

03

2030을 위한 국민연금 개혁

국민연금 개혁에 대한 2030의 목소리

"국민연금은 꼭 필요하고, 연금개혁도 필요하다."
"기금운용은 잘하는 것 같고 무난해 보인다."
"'더 내고 더 받는' 방향으로 개혁 원한다."
"미래세대 생각해서라도 보험료율 올리긴 해야 할 것 같다."
"비전이 없고 막연하다. 청년층에게 희생을 강요하는 것 같다."
"적어도 낸 만큼 이상 받아야 하는데, 그런 확실한 보장이 안 보여 답답하다."
"기성세대를 위해 더 내기만 하고 못 받는 것 아닌가?"

국민연금 개혁방안을 수립할 때 '확실한 vision' 제시와 함께 개혁으로 무엇이 어떻게 달라지는지 자세한 설명이 필요함을 시사해 주고 있다. 국민연금 고갈 가능성에 대해 청년층 응답자의 92.9%가 '불안하다'라고 답변했다.

무엇보다 중요한 것은 연금 보험료는 '돌려받을 수 있는 돈'이라는 인식과 믿음을 주는 것이다.

04
이번 연금개혁이 갖추어야 할 조건

국민연금 개혁이 실현 가능하기 위해 갖추어야 할 조건들은 다음과 같다.

① 국민연금 개혁은 시급히 이루어져야 한다.
② 재정안정과 노후소득 보장 강화 둘 다 이루어야 한다.
③ '더 내더라도, 더 많이 받는' 개혁을 해야 한다.
④ 2030과 미래세대 입장을 먼저 고려해야 한다.
⑤ 한 번의 개혁으로 끝낸다는 욕심을 버리고, 단계적이고 연속적인 개혁으로 추진해야 한다.
⑥ 수급 개시연령 연장 등 소득 보장성을 약화하는 조치는 이번 연금개혁에서는 제외한다 등이다.

이번 개혁으로 국민의 기본적 신뢰를 확보하고, 이것이 발판이 되어 다음의 개혁에 계속 이어지도록 하는 것이 중요하다. 보험료 등 국민 부담은 국민이 감당 가능한 수준이어야 하고, 받는 연금액은 공적연금(국민+기초연금)만으로도 국민 누구나 노후에 최소한의 기본적인 생활은 유지될 수 있는 수준이어야 한다.

05
제기된 개혁방안과 한계

국민 500인 공론화위원회(안)

"연금개혁 공론화 2개 방안 모두 문제…"
(아시아투데이, 2024. 5. 16.)

보험료율을 13%로, 명목 소득대체율은 50%까지 인상하는 것으로 제안되었으며, 시민대표단 56%가 찬성했다. '더 내더라도, 더 받는' 방안이다. 소득 보장성 강화 측면에서는 확실히 나은 안이기는 하지만, 재정안정성이 훼손된다. 현행 제도를 유지하는 편이 오히려 재정에 유리하다. 또 청년층과 미래세대의 희생을 담보로 현 기성세대의 이익을 추구하는 것이므로, 세대 간 형평성이 오히려 약화된다는 비판도 받고 있다.

민주당(안)

보험료율을 13%까지 인상하고, 명목 소득대체율을 44%로 인상하는 것이 골자다. 2028년까지 명목 소득대체율이 40%로 매년 0.5%p씩 내려가는 것을 41.5%에서 일단 멈추고, 다시 매년 0.5%p씩 44%까지 올리자는 것이다. 분명히 소득 보장성이 강화되는 장점이 있다. 문제는 재정안정성이다.

단기적으로, 기금 소진 시기가 9년 연장되는 효과가 발생하나, 장기적으로는 미래 보험료율이 38.1%(2078년)까지 오른다.[*]

따라서, 반드시 보완이 필요하다. 2부에서 언급한 바와 같이, 명목 소득대체율 40 → 44%로, 4%p 인상에 필요한 재원을 소규모 국고(매년 정부 예산의 0.5%p)로 선제적으로 투자하면, 재정을 악화시키지 않고, 소득대체율 인상도 가능해진다.

정부(안)

보험료율을 13%까지 올리고, 명목 소득대체율을 42%까지 인상한다. 장기적인 재정안정성 확보를 위해 기금 수익률도 1.0%p 이상 높인다. 보험료율 인상 속도를 세대에 따라 다르게 하고, '자동

---

[*] 기획재정부는 민주당의 소득대체율 인상 법안에 반대 의견을 제출했다. "국민연금 재정의 안정성을 저해하므로 수용이 곤란하다." 2025년 1월 23일자 중앙일보

조정장치'를 도입한다. 출산·군 복무 크레딧을 강화하고, 보험료 지원사업도 확대한다. 기초연금은 2027년까지 월 40만 원으로 단계적으로 인상한다.

이 방안으로 추진할 경우, 기금 소진 시기가 15년 연장(2056 → 2071년)되는 것으로 계산되었다.

06
필자의 견해

　보험료율을 13%까지 인상하고, 기초연금을 2027년까지 40만 원으로 인상하는 것은 이제 거의 확정적이다. 여기에 「국가 지급 보장 의무화」및 크레딧과 보험료 지원제도 확대 등을 포함하는 것도 별문제가 없다. 이제 '소득대체율 인상' 문제만 남았는데, 이것만 해결되면 올해 내에 국민연금 개혁을 성공할 수 있다. 문제는, 소득대체율을 인상하더라도 (구축효과로) 국민연금 재정이 장기적으로 다시 악화하는 일이 생겨서는 안 된다는 점이다. 2030이 가장 불리해지기 때문이다.

　이러한 '딜레마적 상황'에서 벗어나기 위해, 필자는 앞서 국민연금기금과 별도의 완충기금(reserve fund)으로서 '퓨처펀드'를 조성하는 것이 유용하며, 이 펀드 조성에 필요한 재원은 국가가 보조금으로 지원(정부 예산의 1%p 이내)하는 것이 효과적일 수 있음을 밝힌 바 있다. 또한, 총 소요액 중 국가 보조금은 25% 정도에 그치고, 나머지 75%는 장기간에 걸친 투자 수익금으로 마련될 수 있으므로 국민의 보험료 부담을 최소화할 수 있다고도 말했다.

이러한 방식은 캐나다(2016년 Additional CPP 도입, 보험료율 2%p 인상분 완전적립 방식으로 운용), 스웨덴(1998년 개혁, 보험료율 2.5%p 인상분 적립 기금으로 조성) 및 아일랜드(2001년 개혁, '국민연금 완충기금' 도입) 등 여러 나라에서 그 사례를 찾을 수 있는데, 필자가 제안하는 방식이 다른 점은, 이들 나라들이 보험료를 재원으로 하는 데 비해, 필자는 국가 보조금을 재원으로 하자는 것이다. 이번에 국민연금 재정안정을 위해 보험료율을 4%p 인상하는데, 우리 국민이 소득대체율 인상을 위해 추가적으로 보험료율 인상 부담까지 질 여력은 없기 때문이다.

OECD에서도 현재 우리나라 국민연금 재원 중에서 국가재정의 역할이 지나치게 제한적이라는 점을 지적하면서, 국민연금의 수지 불균형 문제 개선을 위해 세금(tax)을 재원으로 하는 비기여식(non-contributory revenues) 재정 지원을 확대할 것을 권고하고 있다(2022 한국 연금보고서).

이런 방식으로 국민연금 개혁에 성공하면, 국민에게는 부담이 아니라 오히려 큰 이익이 된다. 연금개혁으로 보험료만 더 부담하는 것이 아니라, 소득대체율이 인상되며, 기초연금액도 40만 원으로 인상되기 때문이다. 보험료 부담도 그만큼만 연금재정에 더해지는 것이 아니라 '복리효과'를 통해 그 이상의 수익금이 생긴다. 예를 들면, 이번에 국민이 100원을 더 내면, 기금 수익금이 200원 정도가 생기므로, 합쳐서 300원이 국민에게 돌아오게 된다. 특히, 해외 투자를 통한 수익금이 전체 수익금의 70% 내외에 달할 것이기 때문에 국민에게 더욱 큰 이득이 된다.

이 방식은 정부에게도 큰 이득이 되는데, 만일 이런 방식으로 하지 않고 기금이 고갈된 이후에 사후적으로 국고를 투입하게 되면 (cf. 독일 공적연금 및 공무원연금), 천문학적 국가재정의 낭비를 피할 도리가 없는데, 이에 비해 지금 작은 규모의 'seed money'를 지원하면 미래 국가재정도 크게 아낄 수 있기 때문이다.

국민연금 개혁은 이번 한 번의 개혁만으로 끝나지 않는다. 이번 개혁에서는 한 세대 정도 기금 고갈 시기를 연장하는 것을 재정 목표로 삼는다. 이번 1차 개혁에서 보험료율 13%까지 인상을 하면 기금 수익률 6%와 결합하여 기금 고갈 시기가 2056 → 2080~2082년으로 약 24~26년 연장될 수 있다(1차 개혁의 효과). 이어서, 2차 개혁은 약 10년 뒤인 2035년경 보험료율을 한 차례 더, 그러나 마지막으로 15%까지만 인상하는 것이다. 이렇게 하면 인구 구조가 안정되는 2105년까지 국민연금기금을 유지할 수 있고, 모든 세대가 국민연금 수급 불안에서 완전히 벗어날 수 있다.

"한 푼도 못 받던 1990년생 평생 국민연금 수급 받게 됨!"

무엇보다 이번 개혁방안의 가장 큰 변화일 것이다. 기금 고갈 이야기가 나올 때마다 단골로 등장하는 나이가 1990년생이었는데(현재 나이 35세), 이들이 이제 평생 연금을 받을 수 있다. 2000년생은 어떤가? 이들도 1차 개혁으로 15~17년 정도 연금을 받을 수 있어, 낸 것의 1.5배 이상 수익비 효과를 누린다. 심지어 현재 나이 18세, 2007년생의 경우에도 낸 만큼은 연금을 받을 수 있다.

이어서, 2차 개혁에도 성공하면, 모든 세대를 불문하고 평생 국민연금을 받을 수 있고, 모두 수익비 2배 이상의 효과를 누릴 수 있고, 국민 누구나 '3억 원 연금자산가'가 될 수 있다.

"OECD 평균 이상의 소득대체율 달성이 충분히 가능함!"

소득 보장 강화는 국민연금 명목 소득대체율 및 실질 소득대체율 인상, 기초연금 40만 원으로 인상 및 기초연금, 퇴직연금, 개인연금저축, 주택연금 등 다층연금 체계 통해 실현 가능하며, 이렇게 할 경우 우리나라는 OECD 국가 평균을 넘는 연금액을 국민에게 보장할 수 있다. 이것이 이번 국민연금 개혁의 장기적 비전이다.

국민연금 개혁방안(1차 개혁)

① 보험료율을 13%까지 단계적으로 인상

매년 0.5%씩 8년에 걸쳐 인상한다. 근로자는 사용자가 인상 보험료의 절반을 내주기 때문에 실제 부담은 8년간 매년 0.25%p에 그친다(2021~2023 연평균 임금 상승률 4.2%의 1/16).

② 국가 지급 보장 규정 명문화

공무원연금법 규정과 동일하게 국민연금법에도 국가의 연금 지급을 보장하는 규정을 명문화함으로써 청년과 미래세대의 연금 수급 불안을 해소한다.

③ 국민연금 명목 소득대체율을 현행 40% → 44~50%로 인상함

④ 기초연금을 월 40만 원으로 인상함(~2027년까지)

현재 노인빈곤 문제의 심각성 및 중산층 노인의 경우에도 노후 기본생활비에 부족한 연금액 문제해결을 위해 2028년까지 기초연금액을 월 40만 원까지 단계적으로 인상한다. 이렇게 할 경우 우리나라 공적연금(국민+기초연금)의 소득대체율은 국민연금과 기초연금을 합쳐 44~45% 수준 이상으로 올라갈 것으로 전망된다(OECD 국가 평균 소득대체율 42.3%).

⑤ **명목 소득대체율 인상 재원 마련 위해 완충기금(reserve fund) 으로서 '퓨처펀드'를 조성함**

보험료 인상 시기에 맞추어 국가가 국민연금에 매년 정부 예산의 0.5~1%p를 보조한다. 국민연금공단은 국가 보조금을 재원으로 장기간에 걸쳐 보조금의 3배의 투자 수익금을 창출하여 명목 소득대체율 인상에 따른 연금 급여비에 충당한다.

⑥ **크레딧과 보험료 지원제도 확대 : 국민연금 실질 소득대체율 인상**

저소득 근로자와 지역가입자 등에 대해 현행 보험료 지원제도(지역가입자 보험료 지원제도·두루누리 보험료 지원제도 등)를 확대하고, 청년층·여성 등에 대해서는 군 복무·출산 크레딧을 획기적으로 확대한다.

(예시) △저소득 지역가입자 보험료 지원사업의 지원 대상을 기존의 '납부예외자 중 납부재개자'에 국한하던 것을 일정 재산·소득 기준 이하의 저소득 지역가입자 모두에게 확대 및 지원 기간도 현재 12개월에서 36개월로 확대 △두루누리 지원사업 30인 이하 사업장으로 확대 △출산 크레딧 첫째아부터 인정 및 인정 기간 24

개월 부여 △군 복무 크레딧 현역, 상근예비역, 보충역, 대체역에 대해 적용 확대 및 복무 기간 전체로 가입 기간 인정 △실업 크레딧 인정 기간 1년에서 3년으로 확대 등

⑦ 만 18세 청년 대상 '생애 최초 연금보험료 국가 지원사업' 시행

국민연금 사각지대 해소 및 가입 기간 늘리기를 통한 연금 보장성 강화를 위해 국민 누구나 만 18세 도달 시 최초 연금 보험료를 국가가 지원한다.

⑧ 국민연금의 유족연금 및 장애연금 개선

공무원연금과의 형평에 맞게 유족·장애연금의 급여 수준을 상향하고, 급여 기준을 통일한다.

⑨ 국민연금 연계 기초연금 감액제도 개선

국민연금 성실 납부자가 불리하지 않도록 감액률을 하향 조정한다(예 : 50%). 이와 함께 기초연금 선정 기준인 '소득인정액' 산정 시, 근로·사업소득과의 형평에 맞게 국민연금 소득액의 50%만 반영하는 것을 적극 검토한다.

⑩ 보험료율 인상 상한을 국민연금법에 사전 명시함

보험료율 추가 인상에 대한 국민의 불안 해소를 위해 보험료율 인상 상한을 15%로 하고, 국민연금법에 사전에 명시함으로써 예측

가능성을 높인다(cf. 독일 연금법 2030년까지 22% 상한 고정, 일본 후생연금법 18.3% 상한 규정).

⑪ 「퇴직금 전환금」을 재도입하되, 근로자들의 선택에 따르도록 함

근로자와 기업의 보험료 인상 부담 완화를 위해 '퇴직금 전환금 제도'를 재도입한다. 근로자 본인의 선택에 따라 퇴직금 부담금(월 8.33%) 중 일부를 전환할 경우 실제 부담은 크게 줄어들 수 있다. 경제인 단체에서도 요구한 사항이다.

⑫ 기금 투자 수익률은 현행 수준(6%)으로 유지

국민연금공단(기금운용본부)이 지금까지 거둔 누적 연평균 수익률(6%)을 유지하고, '기준 포트폴리오' 등 새로운 운용 전략 및 운용 체계의 전반적 개편 등을 통해 추가적인 수익률 제고 노력을 한다.

⑬ 기금운용 수익률 제고를 위한 운용 구조 개선

해외 투자 비중을 2028년까지 60% 수준으로 확대하고, 투자 다변화, 기금운용 인프라 강화(보수·인력 현실화 및 해외 사무소 확대 등) 및 '기준 포트폴리오' 본격 실행 등 자산운용 구조를 개선한다.

⑭ 소득 연계 국민연금 감액제도 폐지

소득 활동 연계 국민연금 감액제도를 폐지한다. 약 11만 명에 이르는 국민연금을 받고 있는 노인 취업자가 추가적 연금 혜택(2023

년 기준 2,167억 원)을 받게 되며, 향후 중장년층의 재취업 활성화에도 기여할 수 있을 것으로 예상된다.

⑮ 퇴직연금 단계적 의무화, 중도인출의 원칙적 금지 및 수익률 개선

노후소득 보장성 강화를 위해 準 공적연금인 퇴직연금의 연금으로써의 역할과 기능을 대폭 강화한다.

⑯ 개인연금저축 등에 대한 세제상 인센티브 강화

개인연금저축·주택연금 등에 대한 세액공제 확대 등 인센티브 및 각종 행정규제 개선 등 조치를 시행한다.

⑰ 국민연금 소득에 대한 건강보험료 부과 개선

사적연금에 대해서는 건강보험료를 한 푼도 부과하지 않는 현실을 고려하여, 국민연금 소득에 대해서도 건강보험료 부과를 면제하거나 감경하는 방안을 검토한다.

⑱ 국민연금 소득월액표 상한액을 현실에 맞게 상향 조정함

연금보험료 부과 기준인 소득월액표 상한액을 현재 월 637만 원 → 월 850만 원 수준(공무원연금)으로 상향 조정한다. 이에 따라 '국민연금 A값'이 인상되며, 연금액도 오른다.

⑲ '부분 연금제' 도입 등 국민연금 수급 구조에 유연성 부여방안 검토

'조기연금' 수령에 따른 불이익을 완화하고, 직장 퇴직 후 국민연금 수령 시기까지의 '소득공백(income crevasse)' 문제에 대처하기 위해 'free style' 방식의 연금 수급 허용을 검토한다.

07
국민연금 개혁의 정치학

연금개혁은 정치다!

연금개혁은 앞선 세대와 후세대, 그리고 저소득층과 고소득층 사이의 부양 및 소득 재분배 구조 등 이해관계의 변동을 필연적으로 수반하기 때문에 고도의 정치적 이슈이다.

"연금개혁은 정치… 경제 득실만 따지면 해법 없어"

(국민일보, 2. 9.)

2007년 노무현 정부는 국민 70% 이상의 반대를 무릅쓰고 소득대체율을 60%에서 40%로 낮추는 연금개혁을 단행했다. 이명박 정부에서는 연금개혁에 대한 논의 자체가 이루어지지 않았다. 앞선 정부의 덕을 톡톡히 본 것이다.

뒤를 이은 박근혜 정부 때 1차 베이비붐 세대들이 대거 은퇴를 한창 하던 중이었기 때문에 이들이 은퇴하기 이전에 국민연금 보험료율 인상을 반드시 했어야 했는데, 하지 못했다. 이 기회를 흘려보낸 것이 아쉽다. 그나마, 박근혜 대통령은 반발을 무릅쓰고 과감한 공무원연금 개혁을 단행했다.

문재인 정부도 아까운 시간을 흘려보냈다. 기금 적자는 1년, 고갈 시기는 2년 앞당겨졌고, 그사이 국민연금 보험료를 더 낼 수 있었던 1958~1963년생들이 또 노동시장에서 빠져나갔다. 마지막 단계에서 기업 측의 강한 반대로 좌절되었다는 후일담이 있다. 윤석열 정부는 '4개 개혁'을 줄곧 외쳤으나, '구조개혁'만 강조했다.

비슷한 상황에서 어떤 나라는 성공하고, 어떤 나라는 실패한다. 일본은 2004년 고이즈미 총리가 정권을 내놓는 것을 감수하면서까지 '더 내고 덜 받는' 개혁을 관철했다. 최근에는 20년 만에 또다시 연금개혁 논의를 시작했다.

프랑스 마크롱 대통령은 2023년 노조 총파업에 굴하지 않고 정년을 1년 연장하고, 연금 개시연령은 62 → 64세로 2년 늦추는 개혁안을 통과시켰고, 1990년대 초반에 연금개혁을 단행한 독일은 최근에 또다시 연금 수급연령을 높이는 방향으로 개혁을 추진하고 있다.

2030과 미래세대를 위해 연금개혁을 정치적 비전으로 설정하고, 구체적이고 진정성 있는 개혁방안을 제시한다면 그 정당 지지율이 올라갈 것이다.

실패 요인과 성공 전략

우선, 연금개혁에 대한 장기 비전 결여, 치밀한 추진 전략 부재 등이 지적된다. 또 국민이 국민연금제도와 연금개혁에 대해 제대로 알지 못하고 있다는 것, 그리고, 충분한 정보가 널리 공유되지 못한 것도 한 원인이다.

국민 각자가 처한 상황에서 유불리를 꼼꼼히 따져보고, 국민연금 개혁을 하면 본인에게 정말 이득이 되는구나! 라고 자연스럽게 공감대가 확산하도록 했어야 하는데 그렇게 진행되지 못했다.

영국의 연금개혁 성공 사례는 이런 점에서 큰 시사점을 준다. 복잡하고 어려울수록 충분한 시간을 두고, 하나하나 설명해서 궁금증들이 해소되도록 했어야 했다. 국민연금 개혁에 대한 이미지가 너무 부정적인 것도 문제다. '고갈', '소진', '보험료율 인상', '90년대생 연금 못 받아' 등등. 앞으로는 '긍정적인 이미지'를 형성하고, 확산시키는 노력이 필수적이다.

메시지의 내용, 주체, 일관성 등 소통 전략도 매우 중요하다. 핵심 메시지는 '국민연금 개혁을 하면 국민에게 이익이다!'는 것이고, 이것을 집중적으로 전파하여야 한다. 자세한 100문 100답 자료를 만들고, 2030 청년들 눈높이에 맞는 적절한 콘텐츠를 개발하여 확산시키는 노력이 필요하다.

우리나라의 국민연금 개혁은 유럽 국가들과 달리 사실 그렇게 어려운 과제가 아니다. 더 내거나, 덜 받거나 하는 방법 외에 뾰족한 답이 있을 리 없다고 지레짐작하고, 지난 20년간 폭탄 돌리기만 한 것이다. 우리는 기금 수익금이라는 '치트 키'를 갖고 있다.

지금까지 연금개혁에 성공하지 못한 것은 국민 각자가 미래 생활 설계가 가능하도록 장기적 비전과 플랜을 제시되지 못했기 때문이다. 이번에는 미래 장기적 비전과 플랜을 반드시 제시해야 한다.

부록

나라별 연금개혁 사례

01
캐나다의 연금개혁

"효율적인 기금운용으로 성공적인 연금개혁을 이룬 캐나다! 노후 보장의 새로운 전략 보여주다! 후세대 보험료 인상 부담 최소화 및 급여 보장성 강화의 두 마리 토끼 잡음!"

캐나다 공적연금은 우리나라 기초연금에 해당하는 OAS(Old Age Security, 무기여 조세 기반)와 CPP(Canada Pension Plan, 소득비례 연금)로 구성되어 있다. CPP의 보험료율은 11.9%, 소득대체율은 33.3%(OAS는 약 15% 수준)이다. 급여 수준은 OAS 월평균 60~70만 원, CPP 월 82만 원 수준이다(합계 월 142~152만 원). '부분적립 방식'의 재정 운영이며, '보험료+기금 수익금'으로 운영하고 있다.

[1997년 개혁]

1995년 2월 CPP 재정보고서가 20년 후 기금이 고갈된다는 충격적인 추계 결과가 발표한 것이 계기였다. 캐나다 연금개혁은 당시 재무장관이었던 폴 마틴이 주도했는데, 그는 주 정부 재무장관들과 협의체를 구성해 5.6%였던 보험료율을 거의 두 배 수준인 9.9%까지 인상하는 방안에 합의하고, 또 연금본부에서 기금운용조직을 분리해 독립성과 전문성을 대폭 강화한 '캐나다 연금투자기관(CPPI: Canada Pension Plan Investment : 우리의 '기금운용본부'에 해당)'을 탄생시켰다. 시민과 노조의 보험료 인상 반대에 대해서는, 돈(기금)을 제대로 굴리기 위한 '혁신적인 운용개혁(안)'을 제시하고, 향후 운용 성과에 따라 지급률(소득대체율)을 인상하겠다는 약속을 하는 것으로 대응했다.

[2016년 개혁]

1997년 개혁 이후 CPPI가 연평균 10%에 이르는 큰 운용 성과를 낸 것에 힘입어, 소득대체율을 종전의 25%에서 33.3%(2023년까지)로 33% 인상함으로써 약속을 지켰다. 보험료율도 9.9%에서 11.9%로 2%p 추가 인상했는데, 2%p는 수익금 효과를 극대화하기 위해 완전적립 방식(full funding)으로 운용하기로 결정했다.

[시사점]

캐나다 연금은 국고가 거의 안 들어가고, 기금운용을 통한 수익금과 국민이 낸 보험료 수입금으로 안정적으로 운영하는 것이 특징이다. 개혁 이전의 보수적인 기금운용 방식을 완전히 탈피하여, 해외(국내 15%, 해외 85%) 및 대체투자를 대폭 확대하는 등 기금운용 수익률을 획기적으로 높이는 데 성공했고, 투명하고 신뢰받는 개혁으로 국민을 설득하는 데 성공한 것이다. 보험료 인상 → 기금 수익금 확대 → 소득대체율 인상의 수순으로 추가적인 보험료 인상을 최소화하고, 국고 투입을 억제한 점은 우리에게 많은 시사점을 준다. 다만, 지나치게 위험자산에 투자하는 전략을 택한 것은 우리가 경계해야 할 부분이다.

02

일본의 연금개혁

우리 기초연금에 해당하는 1층 국민연금(정액 보험료, 조세 기반)이 있고, 그 위에 2층에 해당하는 후생연금(근로자, 소득비례)이 있다. 국민연금 정액 보험료로 월 16,590엔을 납부하고, 거기에 후생연금 보험료로 월 소득의 18.3%를 납부한다. 급여 수준은 국민연금(기초연금)으로 월 56,435엔(약 54만 원, 2021년 말 기준), 후생연금으로 월 102,505엔(약 99만 원)을 받고 있고, 수급 개시연령은 둘 다 65세다.

[2004년 연금개혁]

2000년대 초반 일본은 저출산, 고령화, 저성장의 늪에 빠져 있었다. 여당이 다수당이었지만 정치적 대립도 첨예했다. 일본 국민의 65%가 "연금개혁을 바라지 않는다"고 답하던 2002년, 일본 후

생성은 '연금개혁의 방향성'이라는 보고서를 통해 "후생연금 보험료율을 22.4%까지 끌어올려야 한다"는 파격적인 내용을 발표했다. 일본 정부는 '100년 안심 플랜'이라는 슬로건을 내걸었다. 2004년 일본 연금개혁의 핵심은 '더 내고 덜 받는' 것이었다. 13.934%였던 후생연금 보험료율을 매년 0.354%p씩 단계적으로 13년에 걸쳐 18.3%까지 인상하는 한편, '보험료 인상 상한'(18.3%)을 법률에 명시했다.

지출도 줄였다. 명목 소득대체율을 60%에서 2040년까지 50%로 조정하고, 연금액을 기대수명 연장, 출산율 감소에 연동하여 자동으로 조정하는 '거시경제 슬라이드'를 도입했다.

고이즈미 총리의 주도로 몸싸움까지 벌인 끝에 중의원(하원)을 통과시켰으나, 참의원 선거에서 여당인 자민당은 과반의석 확보에 실패했다. 일본의 연금개혁 성공은 고이즈미의 리더십, 정부 및 젊은 정치인들의 뒷받침이 결합한 결과라고 한다.

[2012년 연금개혁]
공무원연금과 사학연금을 후생연금에 통합했고, 2025년까지 65세 고용 연장을 의무화했다. 이후 2022년에는 연금 수령 시기를 본인 선택에 따라 75세까지 늘릴 수 있도록 했다.

[최근 상황]

두 차례의 개혁으로 '연금만으로 생활이 가능하다'라고 응답한 연금생활자 비율이 종전의 50%에서 2021년에는 25%로 급감했는데, 연금 수령액은 줄고, 물가와 건강보험 비용 등이 올라간 것이 원인으로 분석됐다고 한다. 일본 정부는 향후 '100년간 적립 기금을 고갈시키지 않는다'는 재정 목표 하에 이 중 '50년은 가입자들이 낸 보험료 수입금'으로 충당하고, '이후 50년은 운용 수익금'으로 채운다는 전략을 갖고 있다.

[시사점]

일본이 초고령사회에 진입하기 이전인 2004년(노인 인구 비율 19.0%) 연금개혁을 성공시킨 반면, 우리는 이미 초고령사회로 진입한 현시점에서도 연금개혁을 진척시키지 못하고 있다. 일본이 연금개혁을 추진함에 있어 고용 대책을 병행한 점은 시사점이 크다. 다만, 우리는 국민연금 상황이 워낙 시급하기 때문에 연금개혁을 먼저 추진해야 하는데, 고용 대책과 병행하려다 자칫 시기를 놓칠 수 있기 때문이다. 일본 연금개혁과 관련하여 우리가 한 가지 경계해야 할 점은, '더 내고, 덜 받는' 일본 연금개혁이 우리나라의 현 상황에는 적합하지 못하다는 것이다. 우리는 노인빈곤 상황이 워낙 심각하다.

03
프랑스의 연금개혁

우리 국민연금에 해당하는 1층 일반연금(Regime general, 소득비례)과 2층 퇴직연금(소득비례)으로 구성되어 있다. 일반연금 보험료율은 15.45%(근로자 6.9%, 사용자 8.55%)인데, 퇴직연금을 포함해 27.77%(근로자 11.31%, 사용자 16.46%)에 이른다. 소득대체율은 60%(퇴직연금 포함) 수준으로, 급여 수준은 평균 215만 원(1,532유로, 2018년 기준)이다. 수급 개시연령은 62세이고, 기금 적립금 없이 그해 걷어 그해 지출하는 '부과방식'의 재정 운영을 택하고 있다.

프랑스는 높은 급여 적정성으로 '노인빈곤율'이 매우 낮지만, 재정적 지속 가능성이 문제점으로 지적된다(노인빈곤율 4.4%, GDP 대비 지출 비율 14.8%). 이에 따라 2000년대를 전후로 재정적 지속 가능성에 중점을 둔 연금개혁을 지속적으로 추진해왔다.

[마크롱의 연금개혁]

대통령이 직접 국민 대토론회(소도시 등을 찾아 연금개혁 당위성 등을 설명)에 참석, 국민 설득에 총력을 기울였다. 연금개혁(안)이 2020년 3월 하원을 통과했으나, 철도·운송 노조가 대규모 총파업에 나서고 경찰·법조인·의사 등 전문직 종사자들까지 동참했으며, 코로나까지 확산하면서 연금개혁 추진이 중단되었다(2021년 9월). 2023년 1월에 정년과 수급연령 동시 연장(62 → 64세), 완전연금 가입 기간 상향(42 → 43년) 및 최소 연금액 인상(최저임금의 75 → 85%) 등을 내용으로 하는 정부(안)이 발표되었고, 3월 16일 상원 통과 후 같은 날 하원 표결 없이 '긴급법률제정권'이 발동되어 입법이 이루어졌다. 하원에서 총리 불신임(안)이 상정되었으나, 9표 차이로 부결됨으로써 3.20일 정부(안)이 확정되었다.

[시사점]

보험료율 인상 대신, 정년 연장과 연금 수령 시기 연장을 추진한 것이 특징이다. 시민과 청년들은 "죽을 때까지 일할 수 없다"고 외쳤다. 프랑스에서 '정년'은 곧 '연금을 받기 시작하는 나이'이다. 프랑스의 현재 정년(62세)은 다른 유럽 국가들보다 낮은 편인데, 프랑스 남성이 평균 22.2년, 여성은 26.7년을 은퇴자로 보내며 연금을 수령한다. 반면, 독일 남성은 평균 18.4년, 여성은 21.4년 동안 연금을 받는다.

우리나라는 노동계가 먼저 정년 연장을 요구하는 것이 큰 차이이다. 충분치 못한 국민연금으로 소득 공백(income crevasse) 기간에 대응할 수 없기 때문이다. 노동계의 협조를 얻어내면서 개혁을 성공시키기 위해서는, 국민연금의 보장성을 확대하는 한편, 정년 연장 또는 재고용 대책을 적극 추진할 필요가 있다. 재정 위기에 대해서는, 노동계도 보험료 인상에 찬성하고 있는 만큼, 정부는 기금 수익금을 늘리고, 국고 보조도 병행함으로써 근로자의 보험료 인상 부담을 최소화해야 한다.

04
독일의 연금개혁

　1889년 세계 최초로 '사회보험형' 공적연금을 도입, 136년의 연금 역사를 갖고 있다. 독일은 3층의 연금으로 구성되어 있다. 1층 국민연금(근로자와 자영업자·수공업자·예술가·광부 대상), 2층 퇴직연금, 그리고, 3층 리스터 연금 등이다. 국민연금은 적립 기금 없이 '부과방식'의 재정 운영방식을 택하고 있다. 독일 공적연금이 위기를 맞은 건 1989년의 독일 통일의 영향이 컸다. 동독 주민에게도 서독과 동일한 연금 수급권을 보장함으로써 재정 지출이 급증한 것이다. 개혁을 추진하지 않으면, 2030년에 보험료율이 무려 41.7%까지 높아질 것이라는 전망도 나왔다.

[2001년 개혁]
　슈뢰더 총리가 주도했는데, 연금개혁위원회의 이름을 '재정적

지속성 확보를 위한 전문가위원회'로 지을 만큼 재정안정성에 역점을 두었다. 공적연금을 축소하고, '리스터 연금'이라는 사적연금을 도입한 것이 가장 큰 특징이다. 국민연금의 보험료율을 인상하는 한편(2021년 현재 18.6%), 소득대체율도 인하했다. 다만, 보험료율 인상에 대해 2030년까지 최대 22% 상한을 법제화함으로써 추가 인상에 대한 불안을 무마했다.

[2004년 개혁]

국민연금 수급 개시연령을 67세로 연장하고, 제도부양비 증가에 따라 연금액을 자동 삭감하는 '자동안정화장치'를 도입했다. 독일 국민연금의 재원 중 보험금 비중이 75.4%, 국가로부터의 재정보조금이 22.7% 비중을 차지하고 있다(2021년 기준). 세원은 환경세와 소비세이다.

[시사점]

현직자들의 보험료율을 인상하고, 평균 수명 증가에 따른 추가 비용 부담은 은퇴자들이 흡수하는 방식으로 개혁을 추진했다. 아울러, 부과방식의 국민연금은 규모를 축소하고, 적립방식의 사적연금(리스터 연금)을 키워 보완했다(기대와 달리 리스터 연금 가입률은 저조한 것으로 나타남). 국민연금 지출 감소 등으로 연금재정은 안정화되었으나, 대신 노인빈곤율이 증가했다. 기금 수익금 카드를 활용할 수 없어, 보험료와 국고 보조금으로 운영하다가, 재정 위기를 맞아 '더 내고, 덜 받는' 개혁을 추진할 수밖에 없었고, 끝내 '사적연금 강화'를 택한 점은 우리에게 '타산지석'이다.

05

스웨덴의 연금개혁

4층의 연금 구조를 갖고 있다. 0층 최저보증연금(GP: Guarantee Pension), 1층 소득비례연금(IP: Income Pension)·프리미엄연금(PP: Premium Pension), 2층 퇴직연금 및 3층 개인연금 등이다. 최저보증연금의 재원은 일반조세로 운영되고, 급여 수준은 월평균 21만 원이다(2021년 기준).

소득비례연금·프리미엄연금의 보험료율은 월 소득의 18.5%(IP 16%+PP 2.5%)이고, 급여 수준은 월평균 114만 원(IP 103만 원+PP 11만 원)이다. OECD 보고서 기준 소득대체율은 41.3%이다(2020년). 퇴직연금은 노사협약에 따른 연금제도로 사적연금으로 분류되나, 가입률은 전체 근로자의 90%에 이른다.

[1998년 개혁]

'구조개혁'을 단행했다. 종전 '확정급여 방식(DB)'의 소득비례연금을 '확정기여 방식(DC)'의 소득비례연금(IP+PP)으로 전환하고, 모든 노인에게 동일한 수준을 지급하던 '기초연금'을 일정 소득 이하인 사람에게 최소한의 연금액을 보장하는 '최저보증연금'으로 전환한 것이다.

보험료율을 13%에서 18.5%로 인상하고, '자동조정장치'도 도입했다. 연금 수급 개시연령을 63세(소득비례연금), 66세(최저보증연금)로 각각 연장했다.

[시사점]

스웨덴도 적립 기금이 없어, '더 내고, 덜 받는' 연금개혁을 실시했다. 이와 함께 개인이 각자 선택한 펀드의 투자 성과에 따라 연금액이 결정되는 '프리미엄연금'을 도입함으로써 공적연금의 부담(burden)은 덜고, 사적연금에 일부 의존하는 방식을 택했다.

대신, '크레딧 제도'(군 복무·학업 기간·자녀양육 기간 등)를 대폭 보완하여 공적연금의 사각지대를 완화하고, 소득 재분배 기능을 강화하려 한 것이 특징이다. 연금개혁 이후 재정적 지속 가능성은 제고되었으나, 소득대체율이 하락할 것으로 전망되고(2019년 34.2% → 2070년 29.2%), 노인빈곤율도 증가했다(2008년 6.2% → 2019년 11.4%).

06
칠레의 연금개혁

2019년 교육, 건강보험, 연금 확대를 요구하며 전국에서 대규모 시위 발생, 불평등 해소를 촉구한 '사회폭발(social outbreak)'

칠레의 연금 가입자는 수입의 10%를 AFP에 납부해야 한다. 기초연금제도가 있어 정부가 책임지는 공적연금을 운영 중이지만, 급여 수준은 최저임금인 360달러에 못 미치는 연금을 받고 있다고 한다.

"은퇴하고 나서 받는 건 거의 없어요. 연금제도가 참 안 좋죠."
"민간 연금기금 운용회사(AFP)가 제공하는 연금으로 생활하는 건 매우 어렵다. 대다수의 연금 수령자들은 모아둔 연금기금을 인출하고 (다시) 납부하지 않습니다. 칠레의 연금 가입자 94% 중도

인출을 신청!"

"1980년대 피노체트 군사정권에 의한 연금제도 민영화. 자발적이라 불리기는 했지만 사실상 기업들의 부담만 줄어든 거죠."

"수익이 발생하면 AFP가 수익을 얻게 되죠. 반면, 손실은 개인이 입게 됩니다. AFP가 손해를 보는 일은 없어요."

2023년 여름 국민연금공단 홍보팀이 현지에서 만난 시민들의 목소리다. 칠레의 연금은 1924년 도입되었는데, 1961년에는 최저연금까지 도입해 보험료 대비 높은 급여 수준을 유지했다. 1970년대 후반부터 국가재정이 심각한 상황에 빠졌고, 신자유주의 경제사상을 배경으로 한 피노체트 정권이 1981년에 기존의 부과방식 공적연금을 단계적으로 폐지하고, 개인별 계좌로 관리하는 '완전적립 방식'의 민영화 모델을 도입했다. 당시 세계은행은 3층 노후소득 보장의 성공적인 모델이라고 평가했다.

민영화 이후 저임금·비정규직 근로자·자영업자 및 여성들이 연금에 가입하지 못하는 문제가 나타났고, 연금액이 빈곤선에도 미치지 못하는 저연금 또는 무연금자가 속출했다. 소득이 있는 근로자의 경우에도 2006년에 이르러 실제 보험료를 납부하고 있는 사람이 55.3%밖에 되지 않는 결과가 나왔다.

AFP 등 민간 보험사들이 유일한 수혜자가 되었다고 한다. 결국 빈부 격차가 커지는 현실에서 연금을 민영화한 칠레의 정책은 상당수의 국민을 연금의 사각지대에 놓이게 했다.

07

그리스의 연금개혁

2016년 '연금 삭감'을 단행했다.

"연금을 삭감하는 것보다 더 힘들고 고통스러운 터널은 없었다."
(안토니스 사마라스 노동사회부 장관, 2023년 여름 TV조선 현지 인터뷰)

그리스 연금제도는 크게 국가연금과 기업연금으로 나뉜다. 국가연금은 공무원 및 국가지원 기관 등에 근무하는 사람들을 위한 제도로써 근무 기간에 따라 연금 지급액이 결정된다. 기업연금은 기업에 근무하는 근로자들이 이용하는데, 근로자 부담금이 증가하거나, 기업의 상황이 나빠지면 기업에서 연금 지급을 줄이거나, 중단하는 경우도 있다고 한다.

한때 무상의료·교육 등을 자랑했던 그리스다. 국가재정 적자가 커지면서 연금개혁에 나섰으나, 끝내 사회적 합의를 이뤄내지 못했고, 결국 국가부채가 급증, 2010년에 EU와 국제통화기금(IMF)의 구제금융을 받게 되었다. 이에 따라 2010년, 2016년, 2019년 등 세 차례에 걸친 연금개혁이 단행되었다. 외부에 의한 고통스럽고, 자존심이 훼손된 개혁이었다.

2023년 6월 25일 미초타키스 총리가 이끄는 신민주주의당이 총선에서 압승했는데, 그리스 국민들의 가장 큰 관심이었던 연금문제에 대해 신민주주의당의 연금개혁(안)이 유권자의 지지를 받은 것이다. 핵심은 연금의 안정성을 보장하는 것이었다. 현지에서 만난 저널리스트 보타라코스는 안정성에 대해 "연금 수급자들이 매달 연금을 받고, 다시 삭감되지 않는다는 걸 의미한다"고 말하면서, "(연금개혁은) 빠르면 빠를수록 좋다"고 강조했다.

에필로그

우리나라는 앞으로 약 50년이 큰 위기이다. 먼저, 국민건강보험 이야기다. 현재 연간 100조 원의 건강보험 급여비 중 국민이 내는 보험료(보험료율 7.09%) 외에 국가가 매년 13조 원의 국고를 지원하고 있다(2025년 기준).

2023년 노인 진료비가 44.1%를 차지했는데, 2050년에는 74%까지 올라갈 것이라고 전망한다. 건강보험은 원래 '부과방식'이어서 적립금이 없고, 그나마 갖고 있던 '준비금'은 2028년이면 바닥날 것이라고 한다. 노인장기요양보험도 비슷하다. 이것도 보험료 외에 국가가 소요 재정의 15~6%(약 2조 원)를 지원하고 있다.

현재 상태에서도 이 정도인데, 앞으로 고령화가 가속화하면

2030과 미래세대는 앞으로 건강보험료와 노인장기요양보험료를 도대체 얼마나 더 부담해야 하나? 물론 건강보험료 등은 국민연금과 달리 노년세대도 사망 시까지 계속 부담한다. 하지만, 아무래도 근로세대가 보험료든, 세금이든 더 많이 부담할 수밖에 없다.

그런데, 이 상황은 이미 어떻게 할 수 없다. '정해진 미래'다. 물론 생각해 볼 수 있는 카드가 전혀 없는 것은 아니다. 투자를 통한 수익금을 활용하는 것이다. 예를 들어, 2016년 캐나다가 공적연금 개혁에 적용했던 것처럼, 지금 건강보험료를 2%p 정도 더 떼어 '완전적립 방식(full funding)'으로 운영하는 것이다. 이렇게 하면, 보험료와 국고 외에 제3의 재원이 마련되므로 세대 간 갈등 등이 크게 완화될 것이다. 그러나, 현실성이 거의 없다. 미래 건강보험 진료비에 대응하자고 지금 보험료를 더 떼겠다고 하는 데 찬성하는 사람이 거의 없을 것이고, 설령 재원이 마련된다 한들, 건강보험공단이 낼 수 있는 수익률은 퇴직연금 수익률 2%대에 그칠 것이다.

국가도 마찬가지다. 현재 공무원·군인연금을 합쳐 11조 원을 보전하고 있고, 기초연금에도 26조 원의 예산을 쓰고 있다. 이 세 가지에 건강보험(13조 원), 노인장기요양보험(2조 원)까지 모두 합치면 연간 약 52조 원이다.

얼마 안 가 사학연금기금도 고갈된다. 여기에도 국고를 투입해 달라고 할 것이다. 결국, 국민과 국민, 국민과 국가 사이에 보험료, 국고(세금) 부담문제를 둘러싼 큰 다툼이 발생할 것이다. 모든 것이 초고령화에 따른 결과다. 이 과정에서 엄청난 세대 간, 계층 간 갈등도 충분히 예상된다.

필자가 이 이야기를 길게 한 이유는, 국민연금 문제를 국민연금의 문제만으로 접근할 수 없는 상황이기 때문이다. 이 와중에 국민연금도 위와 같은 유사한 재정 구조로 가는 것, 즉 기금이 고갈될 때까지 기다렸다가, 국고를 투입하는 것은, 기존의 5가지에다 국민연금까지 포함하여 총 6종의 보험료와 6종의 국고(세금) 부담을 2030에게 지우겠다는 말이나 다름이 없다. 그런데, 국민연금의 부담은 다른 5가지를 모두 합친 것보다도 훨씬 크다! 이것이 의미하는 바는, 다른 건 몰라도, 최소한 국민연금만큼은 그 부담을 2030에게 떠넘기면 안 된다는 말이다.

다행하게도, 지금 국민연금 개혁은 9부 능선을 넘어섰다. 국민이 보험료율을 13%까지 올리는 것을 양해하고 있기 때문이다. 이제 국민 다수가 원하는 소득대체율 인상만 해결하면 된다. 이러면, 국민연금은 적립금을 최대한 오랫동안 유지하면서, 부족한 재원을 수익금으로, 그것도 주로 해외 수익금으로 충당하여 국가재정 및 국민 보험료 의존도를 크게 낮출 수 있다.

어떤 면에서 보건복지부 공무원들은 할 만큼 했다. 이제 기획재정부 공무원들이 나서서 소득대체율 인상문제만 해결하면 된다. 그리고, 이는 앞서 말한 대로, 약간의 보조금을 국민연금에 선제적으로 투자하는 것이다. 이렇게 하면 국민연금공단이 장기간 '복리효과'로 보조금의 3배 정도를 수익금으로 창출할 것이다. 이를 통해 2030에게 국민연금 부담을 지우지 않고, 미래 국가재정도 크게 아낄 수 있는 것이다.

① 연금 보험료율 적정 인상 ② 기금 수익금 확대 ③ 국가로부터의 소규모 재정 보조 등을 통해 재정안정을 달성하는 한편 ④ 국민연금·기초연금액의 인상 ⑤ 퇴직연금 등 사적연금의 활성화 등을 통해 다층적으로 소득 보장 강화를 실현하면 된다. 이것이 이번 국민연금 개혁의 핵심이다.

더 중요한 것은 개혁의 '시기'이다. 지금 하면 호미로 막을 일을, 나중에는 가래로도 막지 못한다. 개혁을 하루라도 빨리하면 재정안정과 보장성 강화 둘 다 가능하고, 늦어지면 늦어질수록 둘 중 하나는 포기해야 한다. 가장 최악의 시나리오는, 개혁 시기를 자꾸 놓치다가 둘 다 놓치는 것이다.

2025년 3월

저자 **장재혁**

이 책에 수록된 모든 내용은 저자 개인의 의견이며,
국민연금공단의 공식적 견해가 아닙니다.